财务数据处理实务

主　编　谢　铮
副主编　丘静怡　熊国海
参　编　张怀湘　彭　静　马　爽
　　　　　郭胜招　彭　森　陈　伟
主　审　田　苗

北京理工大学出版社
BEIJING INSTITUTE OF TECHNOLOGY PRESS

内 容 简 介

本书采用项目式编排，通过设计仿真性强的案例素材和表现形式，帮助读者更直观地学习和掌握知识和技能。本书共分八个项目，包括：项目一出纳常用单据与表格制作、项目二薪酬管理、项目三购销管理、项目四库存管理、项目五应收账款管理、项目六固定资产管理、项目七财务报表、项目八财务状况分析报表，每个项目又分解为2~3个具体任务，读者还可以随时观看书中所附的操作小视频，对电子表格的各项功能有比较熟练的运用。

本书可作为在职财会人员业务学习、岗位培训的参考用书。

版权专有　侵权必究

图书在版编目(CIP)数据

财务数据处理实务 / 谢铮主编. -- 北京：北京理工大学出版社，2024.7.
ISBN 978-7-5763-4350-2

Ⅰ. F275-39

中国国家版本馆 CIP 数据核字第 20244J17X4 号

责任编辑：王晓莉　　**文案编辑**：王晓莉
责任校对：刘亚男　　**责任印制**：施胜娟

出版发行	/ 北京理工大学出版社有限责任公司
社　　址	/ 北京市丰台区四合庄路6号
邮　　编	/ 100070
电　　话	/ (010) 68914026（教材售后服务热线）
	(010) 68944437（课件资源服务热线）
网　　址	/ http://www.bitpress.com.cn
版 印 次	/ 2024年7月第1版第1次印刷
印　　刷	/ 定州启航印刷有限公司
开　　本	/ 889 mm×1194 mm　1/16
印　　张	/ 12
字　　数	/ 244千字
定　　价	/ 79.00元

图书出现印装质量问题，请拨打售后服务热线，负责调换

前言

党的二十大报告强调了数字经济的重要性，提出了推动经济实现质的有效提升和量的合理增长，加快建设现代化经济体系的任务，企业应加强财务管理和数据处理能力，适应数字化转型的趋势。《会计改革与发展"十四五"规划纲要》对会计工作实现高质量发展提出了新要求。大数据、人工智能、移动互联网、物联网、区块链等技术革新，催生新产业、新业态、新模式，进一步推动会计工作与经济业务深度融合、推动会计智能化发展，迫切需要一批既精通专业又熟悉信息技术，既具备战略思维又富有创新能力的复合型会计人才，推动会计工作适应数字化转型，实现"提质增效"的改革发展目标。

本书共分八个项目，包括：项目一出纳常用单据与表格制作、项目二薪酬管理、项目三购销管理、项目四库存管理、项目五应收账款管理、项目六固定资产管理、项目七财务报表、项目八财务状况分析报表，每个项目又分解为2~3个具体任务，读者还可以随时观看书中所附的操作小视频，对电子表格的各项功能有比较熟练的运用。

本书的编写突出了以下特点：

1. 在内容设计上，突出案例的强仿真性，采用企业专家建议，实现"岗课融通"；依据会计类岗位常用电子表格应用需求，分项目编写，采用任务驱动，完成难度恰当；在内容编排上，将电子表格功能融入具体任务中，让读者在完成任务的过程中，熟悉、掌握电子表格应用功能。

2. 贯彻习近平新时代中国特色社会主义思想，在栏目设计上注重"德技并重"，每个项目的"项目目标"，除了"学习及评价目标"，还有"素养目标"；"任务评价"中除了对"任务实施"进行评价，还包括对"工作态度"与"职业素养"的评价；在项目完成之后，还列有"素养课堂"，帮助提高读者的职业素养。

3. 财税专业知识与信息技术深度融合，推动会计工作适应数字化转型。本书与会计基础、财务会计、税法等财税专业课程内容紧密结合，既有会计基础中相关原始凭证的编制，也有财务会计中工资核算、应收账款账龄分析、固定资产核算等相关内容，还有税法中的个人所得税核算等，知识和技能相辅相成，共同促进读者完整知识体系的构建。

本书由谢铮担任主编，并负责全书统筹、定稿；丘静怡、熊国海担任副主编；田苗担任主审，张怀湘、彭静、马爽、郭胜招、彭森、陈伟参编。具体编写分工如下：项目一由熊国海编写；项目二由谢铮编写；项目三由马爽编写；项目四由彭森编写；项目五由彭静、陈伟编写；项目六由郭胜招编写；项目七由张怀湘编写；项目八由丘静怡编写。

由于编者水平有限，书中难免出现不妥和疏漏之处，还望大家谅解，在使用过程中有任何问题敬请广大同行、读者批评指正。

编　者

目录

项目一　出纳常用单据与表格制作　　1

任务1　员工借款的设置　　2
　　任务1.1　创建借支单　　2
　　任务1.2　保护与隐藏　　9
任务2　部门费用报销的设置　　11
　　任务2.1　创建费用报销单　　12
任务3　员工出差报销的设置　　18
　　任务3.1　创建差旅费报销单　　18
　　任务3.2　保护文档　　22

项目二　薪酬管理　　25

任务1　录入员工基本信息　　26
　　任务1.1　创建员工基本信息表　　27
任务2　应发工资的计算　　33
　　任务2.1　创建应发工资计算表　　35
任务3　实发工资的计算　　44
　　任务3.1　创建社保和公积金计算表　　46
　　任务3.2　创建个人所得税计算表　　53

项目三　购销管理　　65

任务1　采购信息汇总的设置　　66
　　任务1.1　创建采购汇总表　　66
任务2　销售出库信息汇总的设置　　72
　　任务2.1　创建销售出库统计表　　73
　　任务2.2　按仓库出库分类汇总　　79

项目四　库存管理　　83

任务　库存统计 …… 84
任务1.1　创建库存统计汇总表 …… 84
任务1.2　库存情况分析 …… 90

项目五　应收账款管理　　96

任务　应收账款统计分析 …… 97
任务1.1　创建应收账款账龄分析表 …… 97
任务1.2　应收账款逾期处理 …… 102
任务1.3　创建应收账款账龄数据透视图 …… 105

项目六　固定资产管理　　109

任务1　固定资产的增加 …… 110
任务1.1　创建固定资产验收单 …… 110
任务2　固定资产的减少 …… 115
任务2.1　创建固定资产报废申请书 …… 116
任务3　计算统计资产折旧 …… 120
任务3.1　固定资产折旧计算统计表 …… 121

项目七　财务报表　　129

任务1　资产负债表 …… 130
任务1.1　编制资产负债表 …… 131
任务1.2　发布资产负债表 …… 145
任务2　利润表 …… 148
任务2.1　编制利润表 …… 149
任务2.2　发布利润表 …… 157

项目八　财务状况分析报表　　161

任务1　销售收入分析的设置 …… 162
任务1.1　创建销售收入汇总表 …… 162
任务1.2　建立门店销售汇总分析 …… 169
任务2　生产成本分析 …… 175
任务2.1　产品成本月度计算表 …… 176

项目一

出纳常用单据与表格制作

出纳日常的表格制作并不复杂，本项目主要围绕出纳的日常工作展开，根据岗位能力要求，设计以下基本的知识要点：熟悉电子表格软件的基本功能、完成基本的表格格式设置、运用函数进行分类汇总、运用表格做简单的收支分析。

（注：如果没有特殊说明，本书案例均以金山公司 WPS 表格演示为主。当然，这些案例同样也适用于微软的 Excel 以及其他电子表格软件，只有个别操作不完全一样。）

项目目标

一、学习及评价目标

(1) 掌握员工借款单、费用报销单和差旅费报销单的设置单元格式方法。
(2) 掌握电子表格软件的基本功能。
(3) 掌握对电子表格数据的保护、打印、加密功能。
(4) 掌握输入当期日期、单元格设置的快捷键。

二、素养目标

(1) 培养节约费用开支的工作习惯。
(2) 培养严格执行单位财务制度、严格遵守财经纪律的职业素养。
(3) 培养精益求精的工作态度。
(4) 培养廉洁自律的会计职业道德。

任务 1　员工借款的设置

任务背景

诚品信息科技有限公司是一家知名的智能终端制造商。某日，采购部经理张小明在出差前，先到财务部找出纳李红预借差旅费。假设你是李红，请你制作一张借支单，如图 1-1-1 所示。

图 1-1-1　借支单

任务分析

为了制作完成这张借支单，李红了解到借支单必须包含"借支人姓名""部门""职务""借款事由""日期""金额"，还需包含"借支人""出纳""会计""核准"的信息。

本次任务共分为两个子任务：①创建借支单；②保护与隐藏。

任务 1.1　创建借支单

知识点分析

一、员工借支单的创建需要运用以下知识点

（1）设置表格边框。

（2）标题及相关内容合并单元格。

（3）文本对齐。

（4）特殊格式设置。

创建借支单

二、要求运用的电子表格软件基本功能

插入批注、打印预览、合并单元格、单元格内换行。

任务实施

步骤 01：打开"项目一（答题单据）.xlsx" Excel 文件，打开工作表"借支单"，如图 1-1-2 所示。

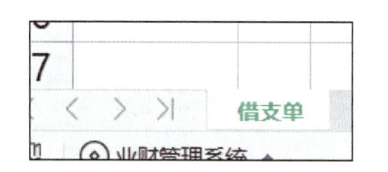

图 1-1-2　打开工作表"借支单"

步骤 02：选中 B2：J2 单元格区域，单击"开始"选项卡，在功能区中单击"合并居中"按钮，如图 1-1-3 所示。

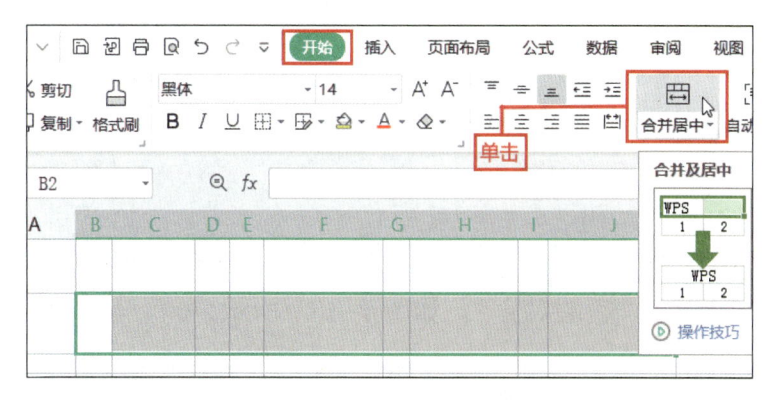

图 1-1-3　选择"合并居中"

B3：J3 单元格区域的操作方法同上。

还可以选中 B2：J3 单元格区域，在"开始"选项卡，在功能区中选择"合并居中"右侧的向下小三角，在弹出的菜单中单击"按行合并"，如图 1-1-4 所示。

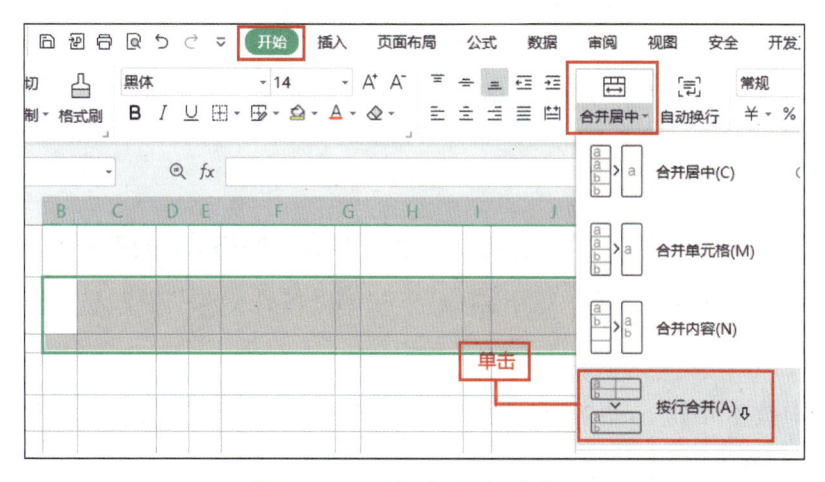

图 1-1-4　选择"按行合并"

按上述方法分别将 D4：H4、D5：G5、I5：J5、D6：J6、D7：H7、C8：D8 单元格区域进行合并，B5：C7 单元格区域"按行合并"。

步骤 03：选中 B5：J8 单元格区域，单击"开始"选项卡，在功能区中选择"所有框线"，如图 1-1-5 所示。

保持选中状态不变，再单击"粗匣框线"，如图1-1-6所示。

图1-1-5　选择"所有框线"　　　　　　　　图1-1-6　选择"粗匣框线"

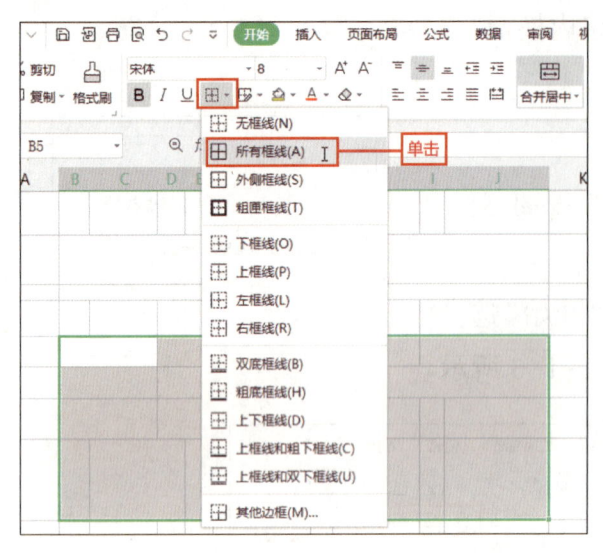

步骤04：在B2单元格输入"借支单"，在"借支单"三个字中间增加适当的空格，单击"开始"选项卡，在功能区中选择"底端对齐"，如图1-1-7所示。

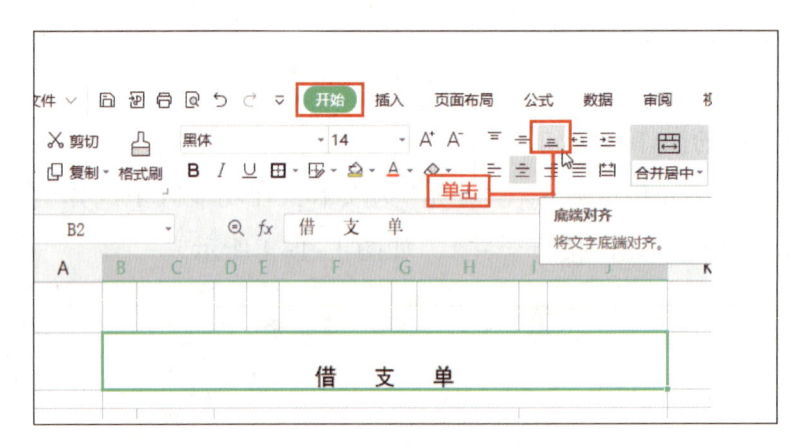

图1-1-7　选择"底端对齐"

选中B3单元格，按"Ctrl"+"1"组合键，在弹出"单元格格式"的对话框中，打开"字体"选项卡，在"下划线"下拉列表中选择"双下划线"，并在"特殊效果"中勾选"上标"，单击"确定"按钮，如图1-1-8所示。

在B3单元格中按空格键，使"双下划线"的长度略长于B2单元格中的"借支单"三个字。其余按示例借支单中的内容进行填写。

【小提示】"Ctrl"+"1"是打开"单元格格式"的对话框的快捷键。

步骤05：选中I7单元格，按"Ctrl"+"1"组合键，在弹出"单元格格式"的对话框中，打开"边框"选项卡，再单击"文本"左右两边的边框，最后单击"确定"按钮即可取消其左右的边框，如图1-1-9所示。

4

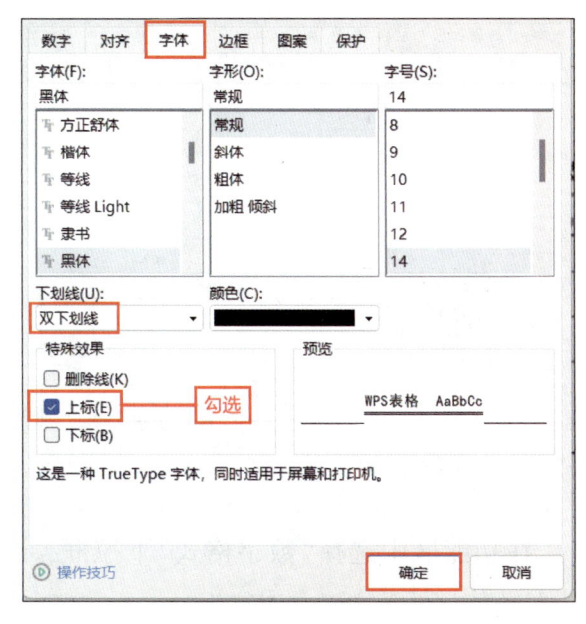

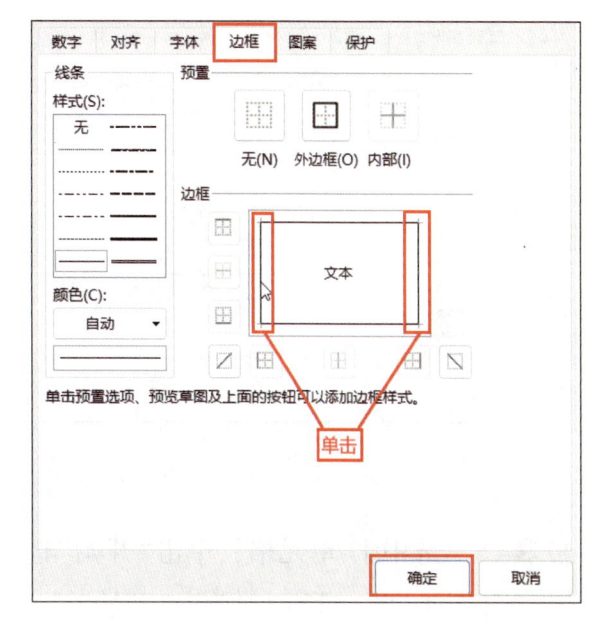

图1-1-8　选择字体格式　　　　　　　　　图1-1-9　选择"边框"

步骤06：选中B7单元格，鼠标放置于"币"字前面，双击，然后通过按"Alt"+"Enter"组合键插入软回车，使单元格内的文本换行，如图1-1-10所示。

步骤07：按住"Ctrl"键，同时选中B8、E8、G8和I8单元格，按"Ctrl"+"1"组合键，在弹出"单元格格式"的对话框中，打开"对齐"选项卡，勾选"文字竖排"，如图1-1-11所示。

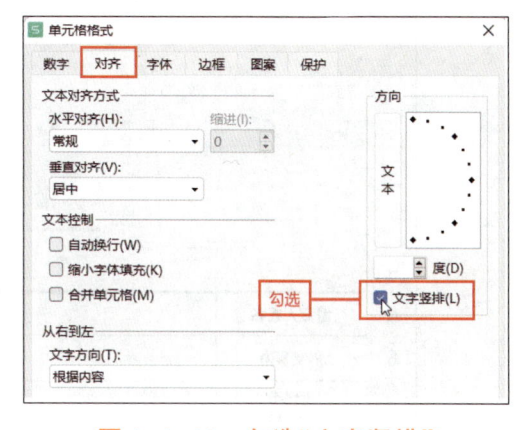

图1-1-10　文本换行　　　　　　　　　　图1-1-11　勾选"文字竖排"

步骤08：按住"Ctrl"键，同时选取B5：B7及D5：D6单元格区域，单击"开始"选项卡，在功能区中选择"水平居中"，如图1-1-12所示。

步骤09：选中I7单元格，单击"开始"选项卡，在功能区中选择"右对齐"，如图1-1-13所示。

图 1-1-12　选择"水平居中"　　　　　　　图 1-1-13　选择"右对齐"

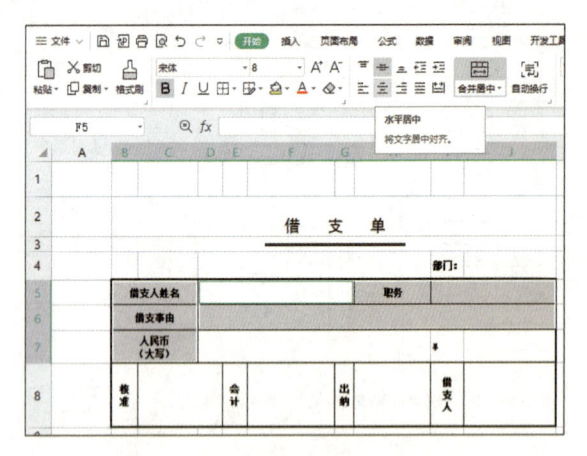

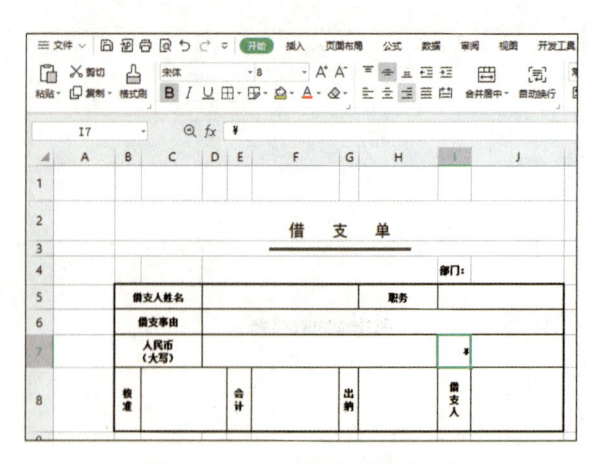

步骤 10：选中 J7 单元格，单击"开始"选项卡，在功能区中选择"数字格式"下拉框，选择"数值"，如图 1-1-14 所示。单击"开始"选项卡，在功能区中选择"左对齐"。

步骤 11：选中 J7 单元格，单击"开始"选项卡，在功能区中选择"千位分隔样式"，如图 1-1-15 所示。

步骤 12：选中 D4 单元格，单击"开始"选项卡，在功能区中选择"数字格式"下拉框，选择"长日期"，如图 1-1-16 所示。

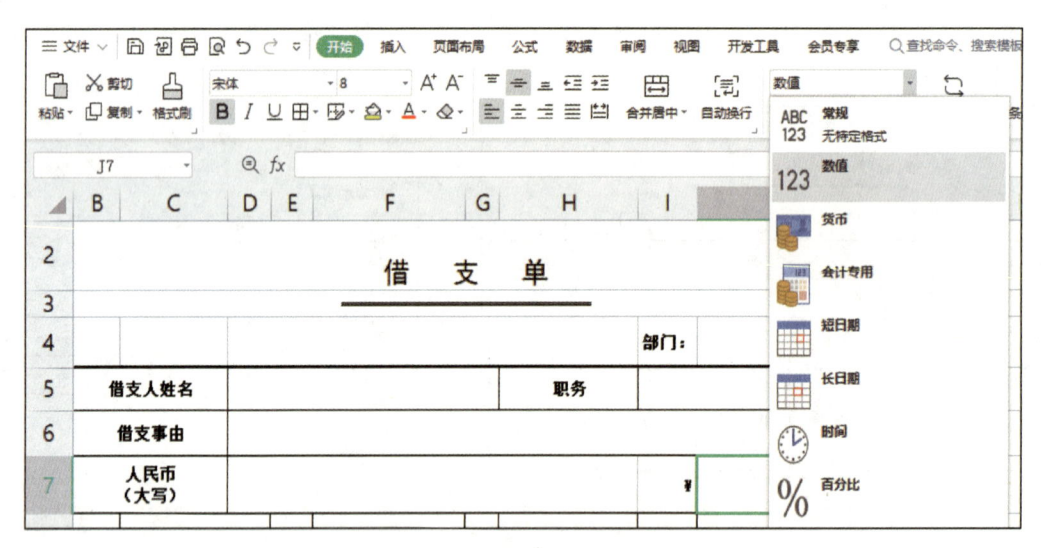

图 1-1-14　选择"数值"格式

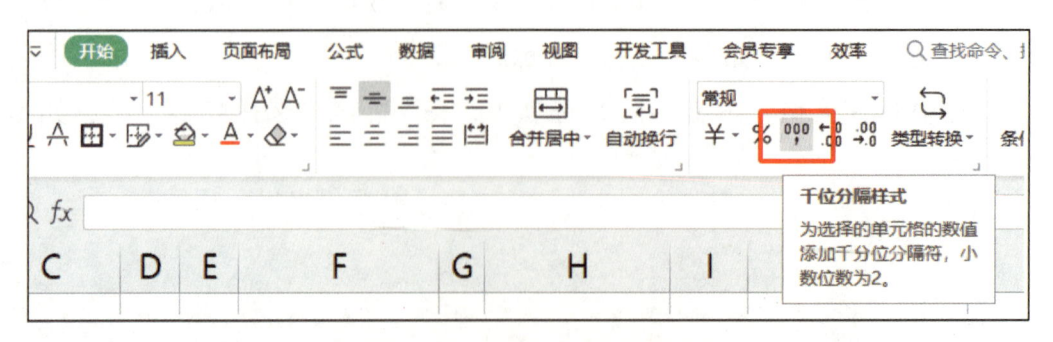

图 1-1-15　选择"千位分隔样式"

项目一 出纳常用单据与表格制作

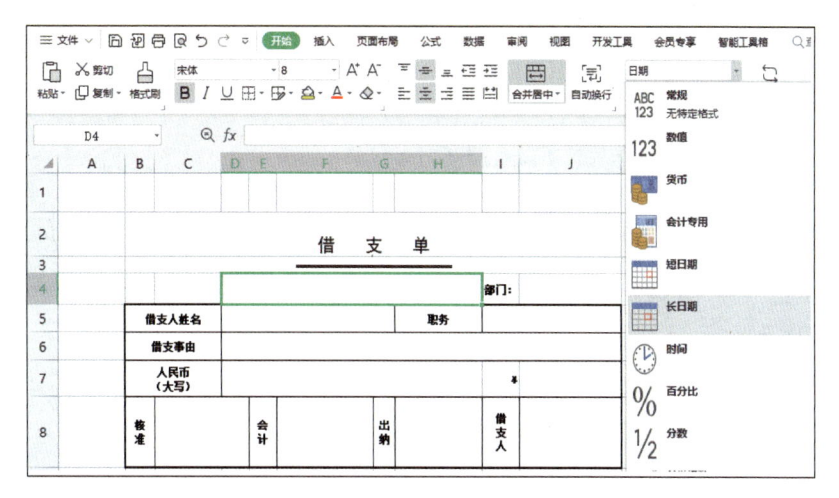

图 1-1-16 选择"长日期"格式

步骤 13：选中 D4 单元格，在"审阅"选项卡，在功能区中选择"新建批注"，在文本框中输入需要的说明文字，如图 1-1-17 所示。

图 1-1-17 选择"新建批注"

步骤 14：选中 D4 单元格，按"Ctrl"+";"组合键输入当前日期，如图 1-1-18 所示。

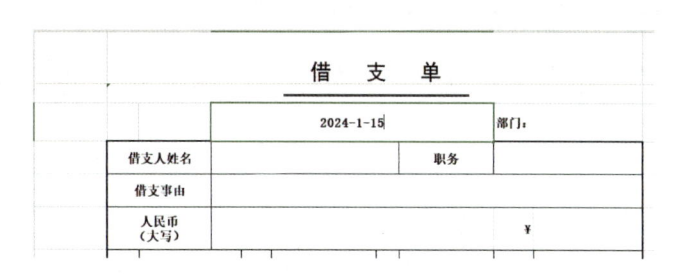

图 1-1-18 输入当前日期

【小提示】

①如果输入的是当年的日期，可以只输入"月-日"格式。如输入 1~15，按 Enter 键，则显示为 2024 年 1 月 15 日。

②"Ctrl"+";"是输入当前日期的快捷键。

7

步骤 15：选中 D7 单元格，在 D7 单元格或编辑栏中输入公式"= J7"（引用 J7 单元格的值）。

【小提示】公式"= J7"，表示等于 J7 单元格的值。

步骤 16：按"Ctrl"+"1"组合键，在弹出"单元格格式"的对话框中，打开"数字"选项卡，在"分类"下拉列表中选择"特殊"，在右侧的"类型"中选择"人民币大写"后，单击"确定"按钮，如图 1-1-19 所示。

图 1-1-19　选择"人民币大写"特殊格式

【小提示】

①在 Excel 中，为了获得"人民币大写"的效果，需在 D7 单元格中输入下列函数公式："=SUBSTITUTE(SUBSTITUTE(IF(J6-0.5%,,"负")&TEXT(INT(ABS(J6)+0.5%),"[dbnum2]G/通用格式元;;")&TEXT(RIGHT(FIXED(J6),2),"[dbnum2]0角0分;;"&IF(ABS(J6)>1%,"整",)),"零角",IF(ABS(J6)<1,,"零")),"零分","整")"

②在实务工作中，金额部分只需在"￥"后输入阿拉伯数字即可。

步骤 17：在"借支单"的相应单元格中输入数据后，选中 B2：J8 单元格区域，单击"打印预览"，如图 1-1-20 所示。

图 1-1-20　单击"打印预览"

步骤18：当预览后感觉效果比较理想，即可交给相关人员签名，如图 1-1-21 所示。

图 1-1-21　预览借支单

任务 1.2　保护与隐藏

知识点分析

电子表格数据的保护：通过设置单元格锁定，可以禁止其他用户编辑特定单元格或区域。

保护与隐藏

任务实施

步骤01：在已制作完成的"借支单"表中，按"Ctrl"+"A"组合键或单击 A 列和 1 行交叉的位置，如图 1-1-22 所示。

步骤02：按"Ctrl"+"1"组合键，在弹出"单元格格式"的对话框中，单击"保护"选项卡，勾选"锁定"和"隐藏"，单击"确定"按钮，如图 1-1-23 所示。

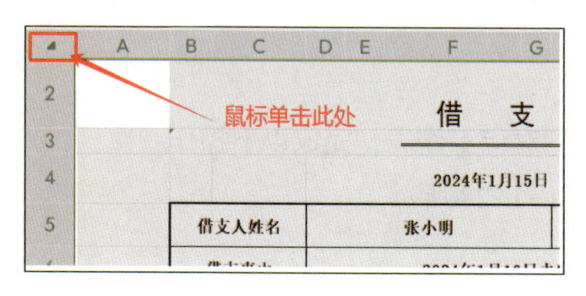

图 1-1-22　全选工作表　　　　图 1-1-23　单击"保护"

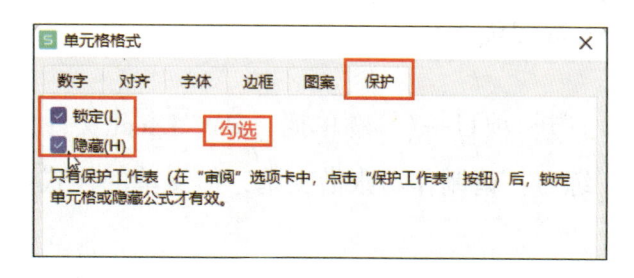

步骤03：单击"审阅"选项卡，在功能区中选择"允许用户编辑区域"，在弹出的对话框中单击"新建"，如图 1-1-24 所示。

步骤04：在弹出的对话框中，填写标题为"借支单"，单击"引用单元格"右侧的折叠按钮，按住"Ctrl"键的同时，选择 D4、J4、D5、I5、D6、J7 单元格，单击"确定"按钮，如图 1-1-25 所示。

财务数据处理实务

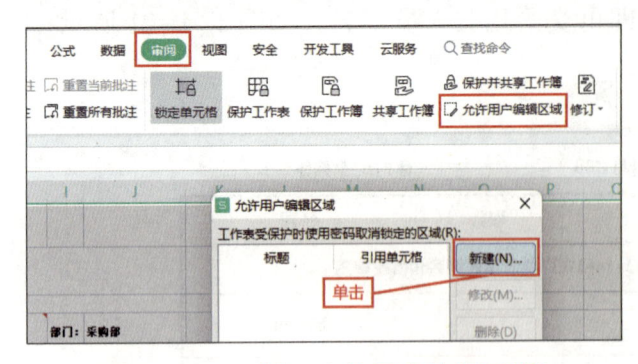

图 1-1-24　选择"允许用户编辑区域"

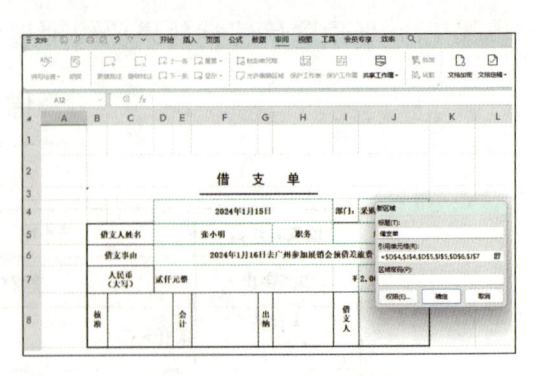

图 1-1-25　选择区域

步骤 05：在弹出的对话框中单击"保护工作表"，如图 1-1-26 所示。

步骤 06：在弹出的"保护工作表"对话框中，密码可以不输入，默认已经勾选了"选定锁定单元格"和"选定未锁定单元格"，单击"确定"按钮，如图 1-1-27 所示。

图 1-1-26　单击"保护工作表"

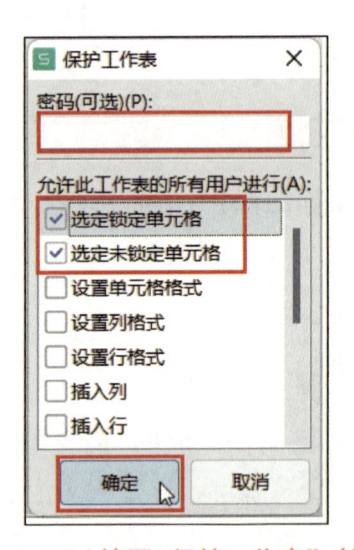

图 1-1-27　填写"保护工作表"对话框

任务实训

打开"项目一(答题单据).xlsx"Excel 文件，找到对应工作表，完成以下操作：

练习：请制作一张借支单，借支单的样式如图 1-1-28 所示。

图 1-1-28　制作借支单

任务评价

同学们，本任务的学习结束了，请你对以下内容进行评价：

评价项目	评价内容	分数	自我评分	小组评分	教师评分
任务实施（60分）	是否掌握员工借款单的设置单元格式方法	40分			
	是否掌握电子表格软件的基本功能	10分			
	是否掌握对电子表格数据的保护功能	10分			
工作态度（20分）	工作积极性	5分			
	工作责任心	5分			
	工作责任感	5分			
	工作效率	5分			
职业素养（20分）	团队协作	5分			
	沟通表达	5分			
	认真严谨	10分			

任务 2　部门费用报销的设置

任务背景

某日，销售部门需要报销购买办公用品的费用，财务部找出纳李红根据公司的费用报销制度，制作费用报销单。假设你是李红，请你制作一张费用报销单，如图 1-2-1 所示。

图 1-2-1　费用报销单

任务分析

为了完成这张费用报销单的制作，李红了解到费用报销单必须包含"报销部门""报销日期""用途""金额"，还需包含"部门审核""领导审核""会计主管""会计""出纳""报销人""领款人"签名等信息。

任务 2.1 创建费用报销单

知识点分析

一、部门费用报销单的创建需要运用以下知识点

(1) 设置表格边框。
(2) 标题及相关内容合并单元格。
(3) 特殊格式设置。

二、要求运用的电子表格软件基本功能

字体设置、合并单元格、打印预览、合并单元格。

三、电子表格数据的打印

在用 Excel 表格办公的时候，如果我们要把表格内的内容打印到纸上，就要用到 Excel 表格里的打印功能。

任务实施

步骤 01： 打开"项目一（答题单据）.xlsx" Excel 文件，打开工作表"费用报销单"，如图 1-2-2 所示。

图 1-2-2　打开工作表

步骤 02： 选中 B1：K1 单元格区域，单击"开始"选项卡，在功能区中选择"合并居中"下拉列表，选择"跨列居中"，如图 1-2-3 所示。

步骤 03： 按住"Ctrl"键，同时选中 F2：G2、B3：F3、G3：G4、H3：H7、I3：K7、B5：F10、G5：G10、H8：H10、I8：I10、J8：J10、K8：K10、B11：C11、D11：G11 单元格区域，如图 1-2-4 所示。单击"开始"选项卡，在功能区中选择"合并居中"。

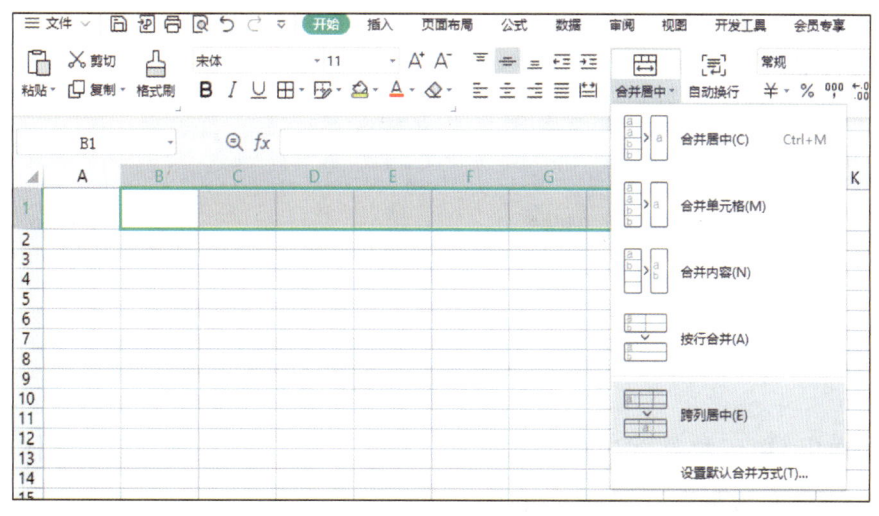

图1-2-3 选择"跨列居中"

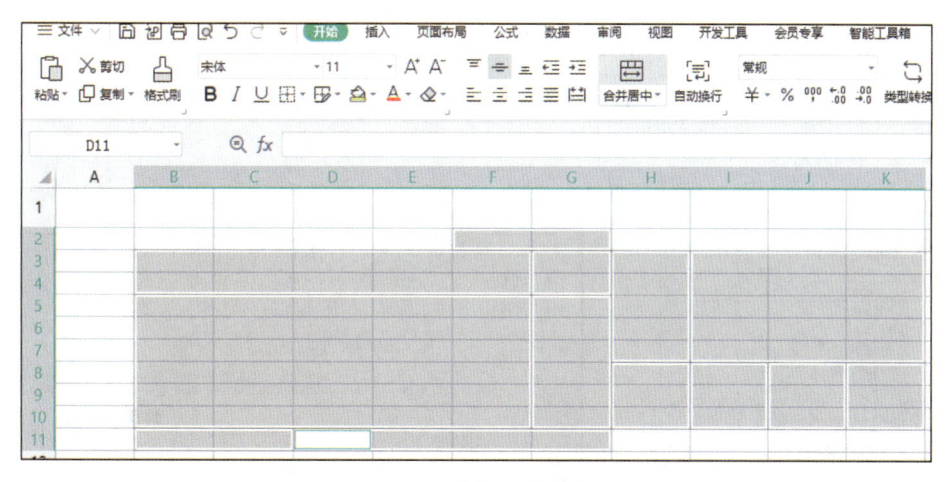

图1-2-4 选择"合并居中"

步骤04：选中 B3：K11 单元格区域，单击"开始"选项卡，在功能区中选择"所有框线"，如图 1-2-5 所示。

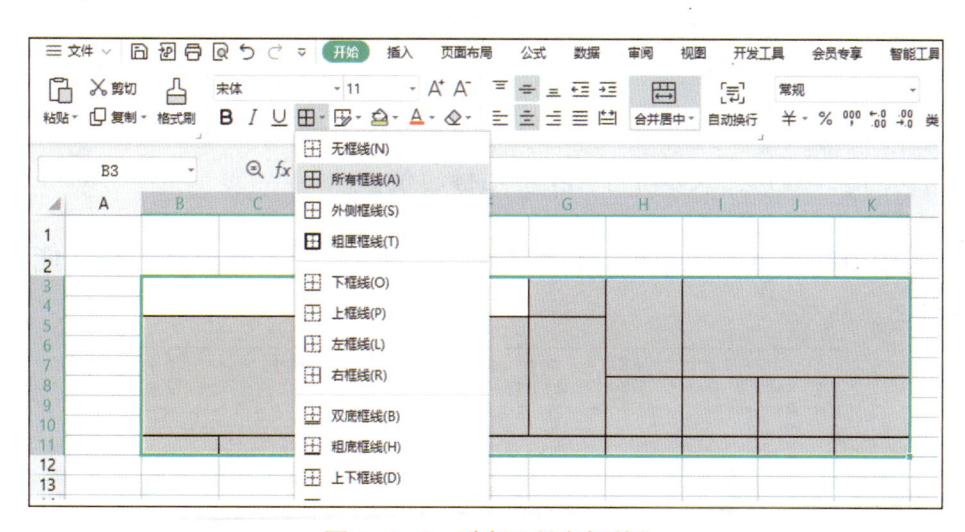

图1-2-5 选择"所有框线"

步骤 05：在 B1 单元格输入"费用报销单"，如图 1-2-6 所示。单击"开始"选项卡，在功能区中选择"字体设置"。

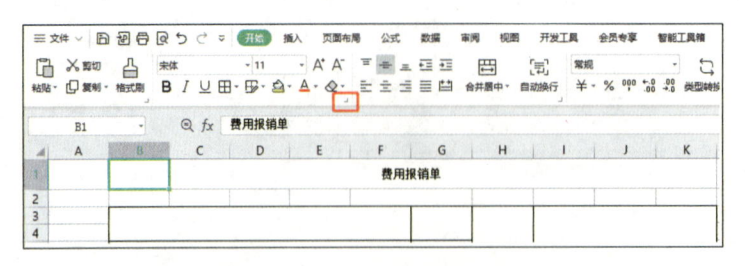

图 1-2-6　选择"字体设置"

步骤 06：在弹出"单元格格式"的对话框中，打开"字体"选项卡，在"字体"下拉列表中选择"隶书"，在"字形"下拉列表中选择"粗体"，在"字号"下拉列表中选择"16"，在"下划线"下拉列表中选择"双下划线"，单击"确定"按钮，如图 1-2-7 所示。

步骤 07：将费用报销单的其他信息录入。

步骤 08：选中 D11 单元格，在 D11 单元格或编辑栏中输入公式："=G5"（引用 G5 单元格的值），如图 1-2-8 所示。

图 1-2-7　选择"隶书"字体格式　　　　图 1-2-8　输入"金额大写"公式

【小提示】公式"=G5"，表示等于 G5 单元格的值。

步骤 09：选中 D11 单元格，单击"开始"选项卡，如图 1-2-9 所示。在功能区中选择"单元格设置：数字"。

图 1-2-9　选择"数字"格式

14

步骤10：在弹出"单元格格式"的对话框中，打开"数字"选项卡，在"分类"下拉列表中选择"特殊"，在"类型"中选择"人民币大写"，单击"确定"按钮，如图1-2-10所示。

步骤11：选中G5单元格，鼠标右键单击，在弹出的菜单中选择"设置单元格格式"，如图1-2-11所示。

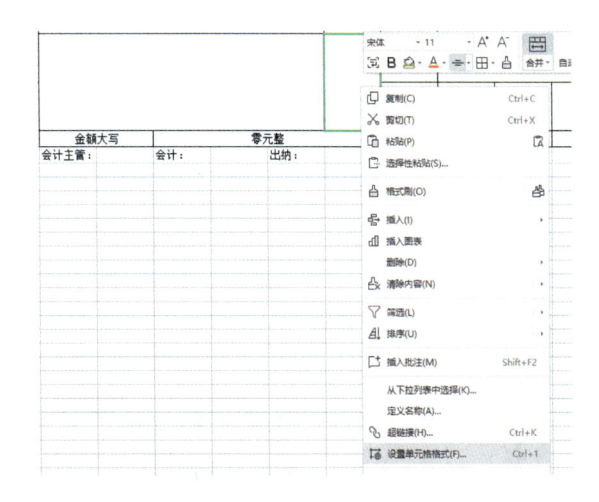

图1-2-10　选择"人民币大写"特殊格式　　图1-2-11　选择"设置单元格格式"

步骤12：在弹出的"单元格格式"对话框中，打开"数字"选项卡，在"分类"下拉列表中选择"数值"，勾选"使用千位分隔符"，在"负数"区域中选择"-1,234.10"，单击"确定"按钮，如图1-2-12所示。

步骤13：按住"Ctrl"键，同时选中I11和K11单元格，按"Ctrl"+"1"组合键。

步骤14：在弹出"单元格格式"的对话框中，打开"数字"选项卡，在"分类"下拉列表中选择"货币"，"小数位数"输入"2"，在"货币符号"下拉列表中选择"￥"，在"负数"区域中选择"￥-1,234.10"，单击"确定"按钮，如图1-2-13所示。

图1-2-12　选择"数值"格式　　图1-2-13　选择"货币"格式

步骤 15：选中 D11 单元格，单击"开始"选项卡，在功能区中单击"左对齐"，如图 1-2-14 所示。

图 1-2-14　单击"左对齐"

按上述方法将 G5、I11 和 K11 单元格设置为"右对齐"。

步骤 16：选中 F2 单元格，按"Ctrl"+";"组合键输入当前日期，如图 1-2-15 所示。

图 1-2-15　输入当前日期

步骤 17：在"费用报销单"的相应单元格中输入图中所示的数据。

步骤 18：选中 B1：K12 单元格区域，单击"页面布局"选项卡，在功能区中单击"打印区域"，选择"设置打印区域"，如图 1-2-16 所示。

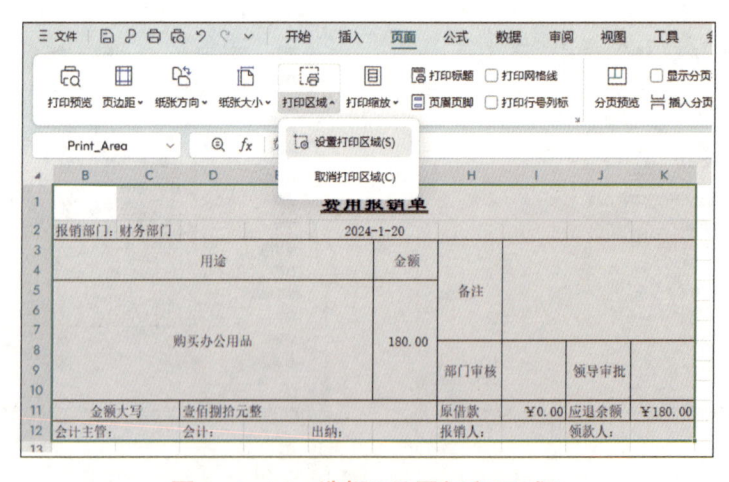

图 1-2-16　选择"设置打印区域"

步骤 19：单击"页面布局"选项卡，在功能区中单击"打印预览"。

步骤 20：当预览后感觉效果比较理想，即可打印，交给相关部门签名，如图 1-2-17 所示。

费用报销单

报销部门：财务部门　　　　　2024-1-20

用途	金额	备注	
购买办公用品	180.00		
		部门审核	领导审批
金额大写　壹佰捌拾元整		原借款　¥0.00	应退余额　¥180.00
会计主管： 　会计： 　出纳：		报销人：	领款人：

图 1-2-17　预览费用报销单

任务实训

打开"项目一（答题单据）.xlsx"Excel 文件，找到对应工作表，完成以下操作：

练习：请制作一张费用报销单，费用报销单的样式如图 1-2-18 所示。

费用报销单

报销部门：销售部门　　　　　日期：2024-1-20

事由	项目	金额		
业务接待供应商万道公司一行三人		320.00	总经理	
			部门主管	
金额合计（大写）：	叁佰贰拾元整		小写：	¥320.00
核实金额（大写）：	叁佰贰拾元整			¥320.00
会计主管：			领款人：	

图 1-2-18　制作费用报销单

任务评价

同学们，本任务的学习结束了，请你对以下内容进行评价：

评价项目	评价内容	分数	自我评分	小组评分	教师评分
任务实施 （60分）	是否掌握部门费用报销单的设置单元格的方法	40分			
	是否掌握对电子表格数据的打印功能	10分			
	是否掌握输入当前日期的快捷键	10分			
工作态度 （20分）	工作积极性	5分			
	工作责任心	5分			
	工作责任感	5分			
	工作效率	5分			
职业素养 （20分）	团队协作	5分			
	沟通表达	5分			
	认真严谨	10分			

17

任务 3　员工出差报销的设置

任务背景

某日，采购部助理王小刚报销出差费用，先到财务部找出纳李红填写差旅费报销单。假设你是李红，请你制作一张差旅费报销单，如图 1-3-1 所示。

差旅费报销单													
部门：													
出差人						出差事由								
出发			到达			交通工具	交通费		出差补贴		其他费用		
月	日	地点	月	日	地点		单据张数	金额	天数	金额	项目	单据张数	金额
											住宿费		
											市内交通费		
											通讯费		
											补贴		
											其他		
报销总额						预借金额				补领金额			
										退补金额			
主管：			审核：			出纳：				领款人：			

图 1-3-1　差旅费报销单

任务分析

为了制作完成这张差旅费报销单，李红了解到差旅费报销单必须包含"部门""出差人""出差事由""出发时间""到达时间""报销费用""报销总额""预借金额"等信息，还需包含"主管""审核""出纳""领款人"签名。

本次任务共分为两个子任务：①创建差旅费报销单；②保护文档。

任务 3.1　创建差旅费报销单

知识点分析

一、员工差旅费报销单的创建需要运用以下知识点

（1）设置表格边框。
（2）标题及相关内容合并单元格。
（3）特殊格式设置。

二、要求运用的电子表格软件基本功能

字体设置、合并单元格、打印预览、合并单元格、单元格内换行。

创建差旅费报销单

任务实施

步骤 01：打开"项目一（答题单据）.xlsx"Excel 文件，打开工作表"差旅费报销单"，如图 1-3-2 所示。

步骤 02：按住"Ctrl"键，同时选中 A1：N1、H2：J2、A3：C3、D3：F3、G3：I3、J3：N3、A4：C4、D4：F4、G4：G5、H4：I4、J4：K4、L4：N4、A11：B12、C11：G12、H11、I12、J11、K12、M11：N11、M12：N12、A13：B13、C13、E13：G13、H13、J13、K13、M13：N13 单元格区域，单击"开始"选项卡，在功能区中选择"合并居中"，如图1-3-3 所示。

图 1-3-2　打开工作表

步骤 03：选中 B3：K11 单元格区域，单击"开始"选项卡，在功能区中选择"所有框线"，如图 1-3-4 所示。

图 1-3-3　选择"合并居中"

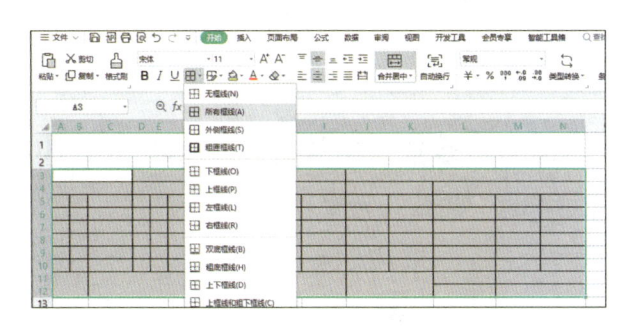

图 1-3-4　选择"所有框线"

步骤 04：选中 B3：K11 单元格区域，单击"开始"选项卡，在功能区中单击"水平居中"。

步骤 05：在 A1 单元格输入"差旅费报销单"，单击"开始"选项卡，在功能区中选择"字体设置"，如图 1-3-5 所示。

图 1-3-5　选择"字体设置"

步骤 06：在弹出"单元格格式"的对话框中，打开"字体"选项卡，在"字体"下拉列表中选择"宋体（标题）"，在"字形"下拉列表中选择"常规"，在"字号"下拉列表中选择"18"，在"下划线"下拉列表中选择"双下划线"，单击"确定"按钮，如图 1-3-6 所示。

步骤 07： 将"差旅费报销单"的其他信息录入。

步骤 08： 选中 A9 单元格，鼠标放置于"总额"的前面并双击，如图 1-3-7 所示。

步骤 09： 然后按"Alt"+"Enter"组合键插入软回车，使单元格内的文本换行，如图 1-3-8 所示。

图 1-3-6　选择"宋体(标题)"字体格式

图 1-3-7　鼠标放置位置

图 1-3-8　强制换行

步骤 10： 按住"Ctrl"键，同时选中 I6：I10、K6：K10 和 N6：N10 单元格区域，按"Ctrl"+"1"组合键，如图 1-3-9 所示。

图 1-3-9　选择单元格区域

步骤 11： 在弹出的"单元格格式"的对话框中，打开"数字"选项卡，在"分类"下拉列表中选择"数值"，"小数位数"为"2"，勾选"使用千位分隔符"，在"负数"区域中选择"-1,234.10"，单击"确定"按钮，如图 1-3-10 所示。

步骤 12： 选中 C11 单元格，按"Ctrl"+"1"组合键。

步骤 13： 在弹出的"单元格格式"的对话框中，打开"数字"选项卡，在"分类"下拉列表中选择"特殊"，在"类型"中选择"人民币大写"，单击"确定"按钮，如图 1-3-11 所示。

图 1-3-10　打开"单元格格式"对话框 　　　　图 1-3-11　选择"人民币大写"特殊格式

步骤 14：按住"Ctrl"键，同时选中 J11、M11 和 M12 单元格，按"Ctrl"+"1"组合键，如图 1-3-12 所示。

步骤 15：在弹出"单元格格式"的对话框中，打开"数字"选项卡，在"分类"下拉列表中选择"货币"，"小数位数"输入"2"，在"货币符号"下拉列表中选择"￥"，在"负数"区域中选择"￥-1,234.10"，单击"确定"按钮，如图 1-3-13 所示。

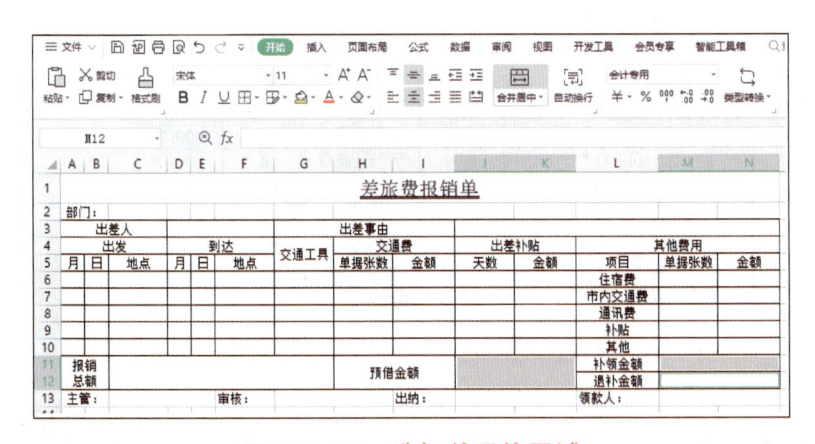

图 1-3-12　选择单元格区域 　　　　图 1-3-13　选择"货币"格式

步骤 16：选中 H2 单元格，按"Ctrl"+";"组合键输入当前日期，如图 1-3-14 所示。

步骤 17：选中 C11 单元格，单击"开始"选项卡，在功能区中单击"左对齐"，如图 1-3-15 所示。

图 1-3-14　输入当前日期 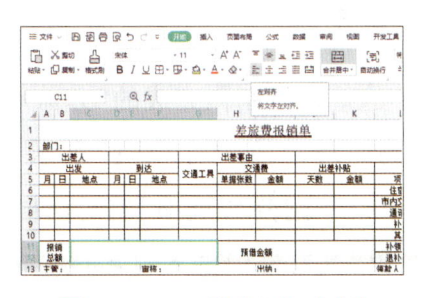　　　　图 1-3-15　单击"左对齐"

步骤 18：在"差旅费报销单"的相应单元格中输入图中所示的数据。

步骤 19：选中 A1：N13 单元格区域，单击"页面布局"选项卡，在功能区中单击"打印区域"，选择"设置打印区域"，如图 1-3-16 所示。

步骤 20：单击"打印预览"选项卡，如图 1-3-17 所示。

图 1-3-16　选择"设置打印区域"

图 1-3-17　单击"打印预览"

步骤 21：当预览后感觉效果比较理想，即可打印，交给相关人员签名，如图 1-3-18 所示。

图 1-3-18　预览差旅费报销单

任务 3.2　保护文档

电子表格数据的保护：为工作表设置密码是一种最基本的 Excel 数据保护措施，以确保数据的安全性。

保护文档

任务实施

步骤 01：在已制作完成的"差旅费报销单"中，单击"文件"下拉框，选择"文档加密"，再单击"密码加密"，如图 1-3-19 所示。

步骤 02：在弹出"选项"的对话框中，在右侧的"密码保护"区域中填写密码信息。在"打开文件密码"文本框中输入自己设置的密码，在"再次输入密码"文本框中输入刚才设置的密码，单击"确定"按钮，如图 1-3-20 所示。

项目一　出纳常用单据与表格制作

图 1-3-19　单击"文件加密"　　　　图 1-3-20　输入密码

步骤 03：再次打开文件时则提醒输入密码，如图 1-3-21 所示。

图 1-3-21　文档已加密

任务实训

打开"项目一(答题单据).xlsx"Excel 文件，找到对应工作表，完成以下操作：

练习：请制作一张差旅费报销单，差旅费报销单的样式如图 1-3-22 所示。

差旅费报销单

报销部门：	行政部门	出差人：		梁涛涛	报销日期：		2024年1月25日
出差日期：		2024年1月26日			出差事由：		去上海商洽商品合同
车船费					其他费用		
出发点	到达地	交通工具	附件张数	金额	项目	附件张数	金额
广州	上海	飞机	1	1,022.00	住宿	1	1,200.00
上海	广州	高铁	1	550.00	餐饮	2	558.00
					市内交通	2	212.00
					通讯费		
					其他	4	368.00
合计			2	¥1,572.00	合计	9	¥2,338.00
费用合计		¥3,910.00	大写（人民币）		叁仟玖佰壹拾元整		
预借差旅费：		¥2,500.00	补领金额：		¥1,410.00	退还金额：	
审批：		会计主管：		部门主管：		领款人：	

图 1-3-22　制作差旅费报销单

23

任务评价

同学们，本任务的学习结束了，请你对以下内容进行评价：

评价项目	评价内容	分数	自我评分	小组评分	教师评分
任务实施 （60分）	是否掌握差旅费报销单的设置单元格的方法	30分			
	是否掌握电子表格软件的基本功能	10分			
	是否掌握对电子表格数据的保护、打印、加密功能	10分			
	是否掌握输入当前日期、单元格设置的快捷键	10分			
工作态度 （20分）	工作积极性	5分			
	工作责任心	5分			
	工作责任感	5分			
	工作效率	5分			
职业素养 （20分）	团队协作	5分			
	沟通表达	5分			
	认真严谨	10分			

素养课堂

出纳岗位是单位资金安全、准确和高效流动的关键因素，优秀的出纳需要具备多方面的专业能力和素养，确保能够胜任复杂的出纳工作。

首先，出纳必须具备高度的责任心和精益求精的工作态度，坚决贯彻二十大精神，严格执行国家财经政策，严格遵守财经纪律，认真落实单位财务制度，培养廉洁自律的会计职业道德，确保每一笔资金交易的合法性、合理性、准确性。

其次，出纳需要具备扎实的会计相关专业知识和技能。熟悉财务知识、税收法规，以及各种金融工具；熟练使用计算机，如办公软件操作和电子表格处理等，以适应数字化时代的需要；了解与信息安全相关的知识，避免潜在的安全风险；保持持续学习的态度，及时掌握新的知识和技能，适应财经法规和税收政策的不断更新。

最后，良好的沟通能力和团队协作精神也是出纳必备的素养。出纳工作不仅限于个人操作，还需与各部门、客户及银行等外部机构进行沟通协作，因此，出纳人员应具备良好的沟通协调能力，确保资金流动的顺畅。

项目二

薪酬管理

薪酬的相关表格需要根据企业的薪酬制度进行制作，薪酬核算的数据来源于不同部门，本项目将会模拟不同部门的角色制作薪酬相关的表格，以便使学生能对整个薪酬核算流程更为清晰，同时也能学会运用相关函数和专业知识进行数据处理。

项目目标

一、学习及评价目标

(1) 掌握员工基本信息表、员工应发工资计算表、社会保险和住房公积金计算表和个人所得税计算表的创建方法。

(2) 掌握较大单元格区域的选取方法。

(3) 掌握利用"记录单"录入数据的方法。

(4) 掌握运用 TEXT、MID、MOD、TODAY、DATEDIF 等函数计算员工出生日期、性别、工龄等。

(5) 掌握运用 IF、ROUND 等函数计算员工基本工资、岗位工资、绩效工资、工龄工资等。

(6) 培养项目工作的分析思维。

(7) 掌握冻结单元格的功能。

二、素养目标

(1) 培养遵守《中华人民共和国劳动法》的法制观念。

(2) 培养爱岗敬业的职业道德。

(3) 培养严谨细致的工作态度。

(4) 培养学无止境的职业素养。

任务 1 录入员工基本信息

任务背景

月末，人力资源专员阮小伍需制作一张员工基本信息表。假设你是阮小伍，请你根据公司的薪酬制度利用 WPS 表格制作员工基本信息表，如图 2-1-1 所示。

工号	姓名	部门	职务	级别	入职日期	证件号码	出生日期	当期日期:	2024-1-31
								性别	工龄
0001	宋小江	总经办	总经理	高级职员	1999-12-17	361523197912226759			
0002	卢俊义	总经办	副总经理	中级职员	1997-2-13	441563197702186737			
0003	吴用用	总经办	行政助理	一般员工	2010-7-8	361073199007135325			
0004	公孙盛	财务部	经理	中级职员	2010-6-30	441563199007050702			
0005	关胜	财务部	会计	一般职员	2000-5-22	441553198005273616			
0006	林充	财务部	会计	一般职员	2010-12-14	441523199012196305			
0007	李红	财务部	出纳	一般职员	2001-5-10	541563198105155276			
0008	呼延寿	后勤服务部	经理	中级职员	2000-3-4	441523198003097029			
0009	花荣荣	后勤服务部	员工	一般职员	2001-10-31	441563198111056206			
0010	柴进来	后勤服务部	员工	一般职员	2001-12-13	441523198112091526			
0011	李应付	后勤服务部	员工	一般职员	2001-12-13	361523198112186 00X			
0012	朱仝砼	生产部	经理	中级职员	2010-10-4	441523199010095529			
0013	鲁知深	生产部	员工	一般职员	2010-7-18	441523199007236322			
0014	武大松	生产部	员工	中级职员	2000-8-15	445223198008200624			
0015	董平军	生产部	员工	一般职员	1991-12-14	445273197112190630			
0016	张清晨	生产部	员工	一般职员	2000-8-10	441523198008156046			
0017	杨志得	生产部	员工	一般职员	2000-9-19	481583198009246621			
0018	徐辽宁	生产部	员工	一般职员	2010-12-10	341523199012157392			
0019	索超级	生产部	员工	一般职员	2001-1-25	441573198101300212			
0020	戴综	生产部	员工	一般职员	2000-9-17	641583198009226565			
0021	刘唐朝	生产部	员工	一般职员	1990-7-20	441523197007252602			
0022	李子连	生产部	员工	一般职员	1990-5-3	511763197005089229			
0023	史大进	生产部	员工	一般职员	2010-11-22	441523199011273567			
0024	穆弘垦	生产部	员工	一般职员	2000-7-20	441563198007257066			
0025	雷横坚	生产部	员工	一般职员	2001-12-9	441523198112146775			
0026	李俊仁	生产部	员工	一般职员	2000-5-25	471523198005301567			
0027	阮晓二	生产部	员工	一般职员	2001-3-1	441523198103061320			
0028	张衡器	人力资源部	经理	中级职员	2000-9-22	441523198009276321			
0029	阮小伍	人力资源部	专员	一般职员	2000-2-20	481523198002257046			
0030	张顺利	人力资源部	专员	一般职员	2010-12-10	441523199012154562			
0031	阮小柒	人力资源部	专员	一般职员	2010-12-10	441523199012157606			
0032	杨英雄	人力资源部	专员	一般职员	2000-7-25	441523198007253 81X			
0033	石秀绣	市场部	经理	中级职员	2010-4-17	441583199004227561			
0034	解真	市场部	销售员	一般职员	2011-5-9	441573199105146341			
0035	解宝贵	市场部	销售员	一般职员	2010-8-14	251523199008196323			
0036	燕清	市场部	销售员	一般职员	2001-7-18	441573198107233452			
0037	张小明	采购部	经理	中级职员	2001-12-1	445223198112062552			
0038	黄信息	采购部	员工	一般职员	2010-12-11	441523199012165763			
0039	孙立仕	采购部	员工	一般职员	2010-9-10	441523199009157371			

图 2-1-1 诚品信息科技有限公司员工基本信息表

任务分析

为了制作完成这张员工基本信息表，阮小伍了解到员工基本信息表必须包含"工号""姓名""部门""职务""级别""入职日期""证件号码""出生日期""性别"和"工龄"。

任务 1.1 创建员工基本信息表

知识点分析

一、员工基本信息表的创建需要运用以下知识点

(1) 设置表格边框。

(2) 标题合并单元格。

二、工龄的计算需要运用以下知识点

(1) TODAY 函数是用于获取系统日期，该函数没有任何参数。

(2) DATEDIF 函数用于计算两个日期间相隔的天数、月数和年数等。在 DATEDIF( ) 函数中，第一个参数是计算日期的较小日期，第二个参数是计算日期的较大日期，第三个参数用英文字母"D""M"和"Y"等分别表示计算两个日期间的天数、月数和年数。更详细的使用方法请到网上搜索或参考其他资料。

强调：

因为在使用 DATEDIF( ) 计算"月"时偶尔会出现错误，所以在 Excel 软件中,"DATEDIF( )"被做成了一个隐藏函数。

创建员工基本信息表

任务实施

步骤 01：打开"项目二(答题单据).xlsx"Excel 文件，打开工作表"基本信息表"，如图 2-1-2 所示。

步骤 02：在 A1 单元格中输入"诚品信息科技有限公司员工基本信息表"，在 I2 和 J2 单元格中分别输入"当前日期:"和"=TODAY( )"函数公式，如图 2-1-3 所示。

图 2-1-2 打开工作表"基本信息表"

图 2-1-3 输入当前日期

【小提示】如果"当期日期"不要求随系统日期变动而变动，则可采用项目一介绍的方法进行输入，如按"Ctrl"+";"组合键获得固定的当前日期。

步骤 03：在 A3：J3 单元格区域分别输入"工号""姓名""部门""职务""级别""入职日期""证件号码""出生日期""性别"和"工龄"。

步骤 04：选中 A1：J1 单元格区域，单击"开始"选项卡，在功能区中选择"合并居中"，再单击"B"加粗，如图 2-1-4 所示。

图 2-1-4　选择"合并居中"

步骤 05：选中 A3：J42 单元格区域，单击"开始"选项卡，在功能区中选择"所有框线"。

步骤 06：选中 A3：J42 单元格区域，单击"开始"选项卡，在功能区中选择"水平居中"。

步骤 07：选中 A 列到 J 列，鼠标右键单击，选择"列宽"，输入列宽为"18"，如图 2-1-5 所示。

图 2-1-5　输入列宽

步骤 08：在 A4 单元格中输入"0001"，选中 A4 单元格，单击右上角"单击切换"（切换为"文本"格式），如图 2-1-6 所示。

步骤 09：当鼠标移至 A4 单元格右下角出现黑色十字时，按住鼠标左键向下拖动到 A42 单元格，这样即可完成职工工号的录入，如图 2-1-7 所示。

图 2-1-6　单击"单击切换"　　　　图 2-1-7　选择单元格并向下拖动

步骤 10：选中 G 列，单击"开始"选项卡，在功能区中选择"数字格式"下拉列表，选择"文本"格式，如图 2-1-8 所示。

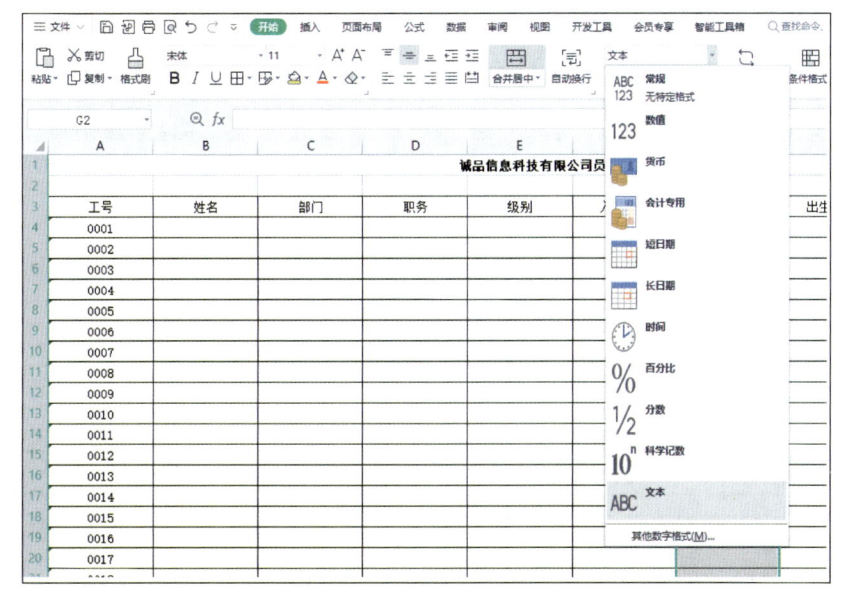

图 2-1-8　选择"文本"格式

步骤 11：使用"记录单"功能将员工的其他信息如姓名、部门、职务、级别和入职日期等录入"诚品信息科技有限公司员工基本信息表"中。操作方法如下：

（1）在"名称框"中输入 A3：G42 后，按 Enter 键，如图 2-1-9 所示。

【小提示】此方法常用于鼠标拖选不方便的较大单元格区域。

（2）单击"数据"选项卡，在功能区中选择"记录单"，如图 2-1-10 所示。

图 2-1-9　选择单元格区域

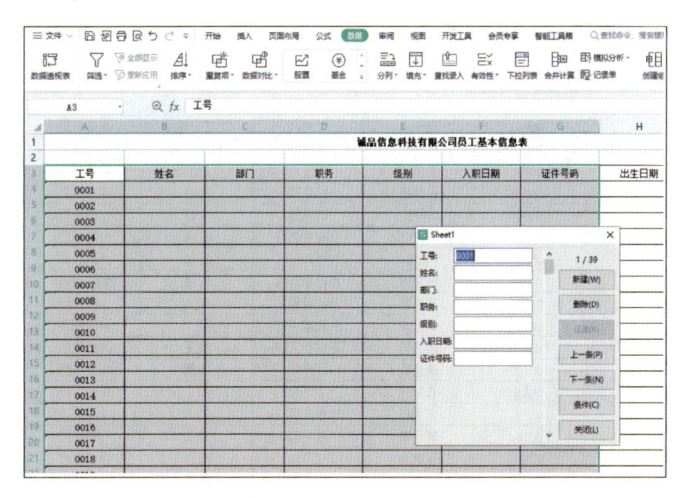

图 2-1-10　选择"记录单"

（3）在弹出的对话框中，按键盘最左侧的"Tab"键（在定位窗格中移动），光标移至"姓名:"右侧，输入"宋小江"。

（4）继续按"Tab"键，光标移至"部门:"右侧，输入"总经办"。

（5）依照上述方法，分别输入"总经理""高级职员""1997-12-17"和"361523197912226759"。

（6）在输入完"361523197912226759"后，按 Enter 键，如图 2-1-11 所示。

图 2-1-11　填写"记录单"

（7）继续输入工号"0002"员工的其他信息，直到全部信息录完为止。

步骤 12：选中 G 列，鼠标右键单击，选择"最适合的列宽"，如图 2-1-12 所示。

图 2-1-12　选择"最适合的列宽"

步骤 13：选中 H4 单元格，在 H4 单元格或编辑栏中输入公式："=TEXT(MID(G4，7，8),"#-00-00")"，如图 2-1-13 所示。

图 2-1-13　输入"出生日期"公式

【小提示】公式"=TEXT(MID(G4，7，8)，"#-00-00")"，从 G4 单元格第 7 个字符串开始截取，截取 8 个字符串，显示为"日期"格式。

步骤 14：选中 H4 单元格，鼠标移至 H4 单元格右下角出现黑色十字时，按住鼠标左键向下拖动到 H42 单元格。

步骤 15：选中 I4 单元格，在 I4 单元格或编辑栏中输入公式："=IF(MOD(MID(G4，17，1)，2)=1,"男","女")"，如图 2-1-14 所示。

图 2-1-14　输入"性别"公式

【小提示】公式"=IF(MOD(MID(G4，17，1)，2)=1,"男","女")"，从 G4 单元格第 17 个字符串开始截取，截取 1 个字符串，这个数与 2 相除如果结果为 1，显示为"男"，否则显示为"女"。

步骤 16：选中 I4 单元格，鼠标移至 I4 单元格，右下角出现黑色十字时，按住鼠标左键向下拖动到 I42 单元格。

步骤 17：选中 J4 单元格，在 J4 单元格或编辑栏中输入公式："=DATEDIF(F4，$J$2，"y")"，如图 2-1-15 所示。

图 2-1-15　输入"工龄"公式

【小提示】 公式"=DATEDIF(F4,$J$2,"y")",用于计算从入职日期1978年1月25日到当前日期2022年5月15日经历的整年数。其中参数"y"不分大小写,表示计算年数。

步骤18:选中J4单元格,鼠标移至J4单元格右下角,出现黑色十字时,按住鼠标左键向下拖动到J42单元格。

最终结果如图2-1-16所示。

图2-1-16 诚品信息科技有限公司员工基本信息表

任务实训

打开"项目二(答题单据).xlsx" Excel文件,找到对应工作表,完成以下操作:

练习:请制作一张友安食品有限公司员工信息表,样式如图2-1-17所示。

图2-1-17 友安食品有限公司员工信息表

任务评价

同学们，本任务的学习结束了，请你对以下内容进行评价：

评价项目	评价内容	分数	自我评分	小组评分	教师评分
任务实施 （60分）	是否掌握员工基本信息表的设置单元格的方法	30分			
	是否掌握较大单元格区域的选取方法	10分			
	是否掌握利用"记录单"录入数据的方法	10分			
	是否掌握运用 TEXT、MID、MOD、TODAY、DATEDIF 等函数计算员工出生日期、性别、工龄的方法	10分			
工作态度 （20分）	工作积极性	5分			
	工作责任心	5分			
	工作责任感	5分			
	工作效率	5分			
职业素养 （20分）	团队协作	5分			
	沟通表达	5分			
	认真严谨	10分			

任务2 应发工资的计算

任务背景

月末，人力资源专员阮小伍需制作一张应发工资计算表。假设你是阮小伍，请你根据公司的薪酬制度利用 WPS 表格制作应发工资计算表，如图 2-2-1 所示。

图 2-2-1 应发工资计算表

该公司薪酬制度如下：

（1）基本工资：一般职员的基本工资为 2000 元，中级职员的基本工资为 3000 元，高级职

员的基本工资为4000元。

（2）岗位工资：总经理职务岗位工资为8000元，副总经理职务岗位工资为7500元，经理职务岗位工资为6000元，销售员职务的岗位工资为5000元，其他职务的员工岗位工资为4500元。

（3）绩效工资：一般职员的绩效工资为基本工资的10%，中级职员的绩效工资为基本工资的15%，高级职员的绩效工资为基本工资的20%。

（4）工龄工资：入职工龄3年及3年以下的，工龄工资按每年50元计算；3年以上的，工龄工资按每年90元计算。

（5）福利津贴：总经办的福利津贴为1500元，财务部的福利津贴为1000元，后勤服务部的福利津贴为800元，其他部门的福利津贴为500元。

（6）日工资：（基本工资+岗位工资）/21.75天。

（7）全勤奖为500元。

（8）休息日加班工资：日工资的1.5倍。

（9）事假扣款：日工资的1倍。

（10）病假扣款：日工资的0.5倍。

（11）应发工资：基本工资+岗位工资+绩效工资+工龄工资+福利津贴+全勤奖+休息日加班工资-缺勤扣款。

（12）本月员工考勤信息如表2-2-1所示。

表2-2-1　员工考勤信息

项目	休息日加班天数	事假天数	病假天数
宋小江	1		2
公孙盛		2	
关胜			1
李应付	1		
朱仝砼		1	
鲁知深	1		
张清晨	1		1
史大进		1	
李俊仁	2		
院晓二	2		
张衡器	2		
解真	2		

任务分析

为了制作完成这张应发工资计算表，阮小伍了解到应发工资计算表必须包含"工号""姓名""部门""职务""级别""工龄""基本工资""岗位工资""绩效工资""工龄工资""福利津贴""日工资""全勤奖"等。

任务 2.1　创建应发工资计算表

知识点分析

一、诚品信息科技有限公司员工应发工资计算表的创建需要运用以下知识点

（1）设置表格边框。

（2）标题合并单元格。

二、基本工资、岗位工资、绩效工资、工龄工资等的计算需要运用以下知识点

（1）IF 函数解析。IF 函数用于判断条件的真假，是一个逻辑函数，IF 函数有三个参数，语法＝IF(条件判断,结果为真返回值,结果为假返回值)。

（2）IF 函数的基础应用。例如，IF(C2>90,"优秀","")如果 C2>90，显示优秀，否则返回空值。如果第三个参数不写，则结果为假时返回值 FALSE。

（3）IF 函数的嵌套。例如：当总成绩大于等于 90 时"优秀"，大于等于 80 时"良好"，大于等于 60 时"及格"，其余为"不及格"。那么公式为"＝IF(E2>＝90,"优秀",IF(E2>＝80,"良好",IF(E2>＝60,"及格","不及格")))"。

强调：

在 IF 函数嵌套使用时，"条件判断"要保持一定的逻辑顺序，即要么都从小到大，要么都从大到小。

（4）ROUND 函数解析。ROUND 函数用于返回按指定位数进行四舍五入的数值。ROUND 函数有两个参数，语法是"＝ROUND"(要四舍五入的数,位数)。

创建应发工资计算表

任务实施

步骤 01：打开"项目二（答题单据）.xlsx"Excel 文件，打开工作表"应发工资计算表"，如图 2-2-2 所示。

图 2-2-2　打开工作表

步骤 02：在 A1 单元格中输入"诚品信息科技有限公司员工应发工资计算表"。

步骤 03：在 A2：U2 单元格区域分别输入"工号""姓名""部门""职务""级别""工龄""基本工资""岗位工资""绩效工资""工龄工资""福利津贴""日工资""全勤奖""休息日加班天数""休息日加班工资""事假天数""事假扣款""病假天数""病假扣款""缺勤扣款"和"应发工资"，如图 2-2-3 所示。

图 2-2-3　输入员工应发工资计算表表头信息

步骤 04：选中 A1：U1 单元格区域，单击"开始"选项卡，在功能区中选择"合并居中"，再单击"B"加粗。

步骤 05：选中 A2：U41 单元格区域，单击"开始"选项卡，在功能区中选择"所有框线"，再单击"水平居中"，如图 2-2-4 所示。

图 2-2-4　设置字体格式

步骤 06：按住"Ctrl"键，同时选中 G3：M41、O3：O41、Q3：Q41 列到 S3：U41 单元格区域，单击"开始"选项卡，在功能区中选择"千位分隔样式"，再单击"右对齐"，如图 2-2-5 所示。

图 2-2-5　选择单元格区域

步骤07：选中 A3 单元格，在 A3 单元格或编辑栏中输入公式："＝基本信息表!A4"（引用"基本信息表"A4 单元格的数据），如图 2-2-6 所示。

图 2-2-6　输入"工号"公式

【小提示】公式"＝基本信息表！A4"，表示 A3 单元格的值等于"基本信息表"A4 单元格的值。

步骤08：选中 A3 单元格，鼠标移至 A3 单元格右下角出现黑色十字时，按住鼠标左键向右拖动到 E3 单元格，如图 2-2-7 所示。

步骤09：选中 F3 单元格，在 F3 单元格或编辑栏中输入公式："＝基本信息表!J4"（引用"基本信息表"J4 单元格的数据），如图 2-2-8 所示。

图 2-2-7　选择单元格并向右拖动　　　图 2-2-8　输入"工龄"公式

【小提示】公式"＝基本信息表！J4"，表示 F3 单元格的值等于"基本信息表"J4 单元格的值。

步骤10：选中 G3 单元格，在 G3 单元格或编辑栏中输入公式："＝IF(E3＝"一般职员"，2000，IF(E3＝"中级职员"，3000，4000))"，如图 2-2-9 所示。

图 2-2-9　输入"基本工资"公式

37

【小提示】公式"=IF(E3="一般职员"，2000，IF(E3="中级职员"，3000，4000))"，用于按规定计算员工的基本工资。即如果 E3 单元格中的值为"一般职员"，则其基本工资为 2000 元，如果 E3 单元格中的值为"中级职员"，则其基本工资为 3000 元，否则为 4000 元。

步骤 11：选中 H3 单元格，在 H3 单元格或编辑栏中输入公式："=IF(D3="总经理"，8000，IF(D3="副总经理"，7500，IF(D3="经理"，6000，IF(D3="销售员"，5000，4500))))"，如图 2-2-10 所示。

图 2-2-10　输入"岗位工资"公式

【小提示】公式"=IF(D3="总经理"，8000，IF(D3="副总经理"，7500，IF(D3="经理"，6000，IF(D3="销售员"，5000，4500))))"，用于按规定计算员工的岗位工资。即如果 D3 单元格中的值为"总经理"，则其岗位工资为 8000 元，如果 D3 单元格中的值为"副总经理"，则其岗位工资为 7500 元，如果 D3 单元格中的值为"经理"，则其岗位工资为 6000 元，如果 D3 单元格中的值为"销售员"，则其岗位工资为 5000 元，否则为 4500 元。

步骤 12：选中 I3 单元格，在 I3 单元格或编辑栏中输入公式："=IF(E3="一般职员"，G3*10%，IF(E3="中级职员"，G3*15%，G3*20%))"，如图 2-2-11 所示。

图 2-2-11　输入"绩效工资"公式

【小提示】公式"=IF(E3="一般职员"，G3*10%，IF(E3="中级职员"，G3*15%，G3*20%))"，用于按规定计算员工的绩效工资。即如果 E3 单元格中的值为"一般职员"，则其绩效工资为基本工资乘10%，如果 E3 单元格中的值为"中级职员"，则其绩效工资为基本工资乘15%，否则绩效工资为基本工资乘20%。

步骤13：选中J3单元格，在J3单元格或编辑栏中输入公式："=IF(F3<=3，F3*50，F3*90)"，如图2-2-12所示。

图2-2-12　输入"工龄工资"公式

【小提示】公式"=IF(F3<=3，F3*50，F3*90)"，用于按规定计算员工的工龄工资，即如果F3单元格中的值小于等于3，则其工龄工资为F3单元格中的值乘50，否则都将F3单元格中的值乘90，从而得到其工龄工资。

步骤14：选中K3单元格，在K3单元格或编辑栏中输入公式："=IF(C3="总经办"，1500，IF(C3="财务部"，1000，IF(C3="后勤服务部"，800，500)))"，如图2-2-13所示。

图2-2-13　输入"福利津贴"公式

【小提示】公式"=IF(C3="总经办"，1500，IF(C3="财务部"，1000，IF(C3="后勤服务部"，800，500)))"，用于按规定计算员工的福利津贴。即如果C3单元格中的值为"总经办"，则其福利津贴为1500元，如果C3单元格中的值为"财务部"，则其福利津贴为1000元，如果C3单元格中的值为"后勤服务部"，则其福利津贴为800元，否则为500元。

步骤15：选中L3单元格，在L3单元格或编辑栏中输入公式："=ROUND((G3+H3)/21.75，2)"，如图2-2-14所示。

图2-2-14　输入"日工资"公式

【小提示】 公式"＝ROUND((G3＋H3)/21.75，2)"，用于计算每日的基本工资。即 G3 单元格的值和 H3 单元格的值相加再除以 21.75，结果保留两位小数。

步骤 16：选中 M3 单元格，在 M3 单元格或编辑栏中输入公式"＝IF(T3＝0，500，0)"，如图 2-2-15 所示。

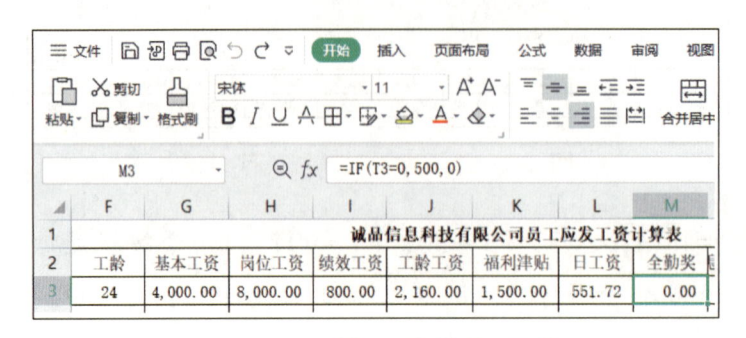

图 2-2-15 输入"全勤奖"公式

【小提示】 公式"＝IF(T3＝0，500，0)"，用于按规定计算全勤奖。即如果 T3 单元格中的值为 0，则其全勤奖为 500 元，否则为 0 元。

步骤 17：选中 A3：M3 单元格区域，鼠标移至 M3 单元格右下角，出现黑色十字时，按住鼠标左键向下拖动到 M41 单元格。

步骤 18：将本项目"任务背景"中的表 2-2-1 的"员工考勤信息"中"休息日加班天数""事假天数""病假天数"填入 Excel 表中。

步骤 19：选中 O3 单元格，在 O3 单元格或编辑栏中输入公式："＝ROUND(L3＊N3＊1.5，2)"，如图 2-2-16 所示。

图 2-2-16 输入"休息日加班工资"公式

【小提示】 公式"＝ROUND(L3＊N3＊1.5，2)"，用于按规定计算员工的休息日加班工资，L3 单元格乘 N3 单元格乘 1.5，结果保留两位小数。即休息日加班工资等于日工资乘休息日加班天数乘 1.5。

步骤 20：选中 O3 单元格，鼠标移至 O3 单元格右下角，出现黑色十字时，按住鼠标左键向下拖动到 O41 单元格。

步骤 21：选中 Q3 单元格，在 Q3 单元格或编辑栏中输入公式："＝ROUND(L3＊P3，2)"，如图 2-2-17 所示。

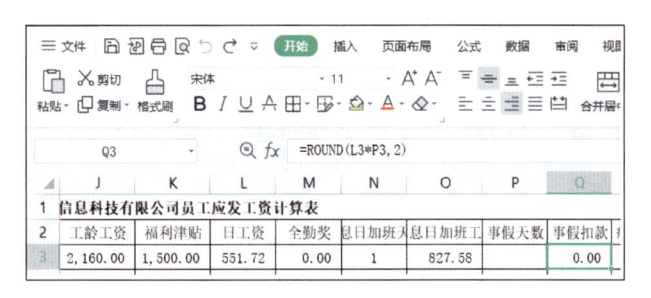

图 2-2-17　输入"事假扣款"公式

【小提示】公式"＝ROUND(L3＊P3，2)"，用于按规定计算员工的事假扣款，L3单元格乘P3单元格，结果保留两位小数。即事假扣款等于日工资乘事假天数。

步骤 22：选中 Q3 单元格，鼠标移至 Q3 单元格右下角，出现黑色十字时，按住鼠标左键向下拖动到 Q41 单元格。

步骤 23：选中 S3 单元格，在 S3 单元格或编辑栏中输入公式："＝ROUND(L3＊R3＊0.5，2)"，如图 2-2-18 所示。

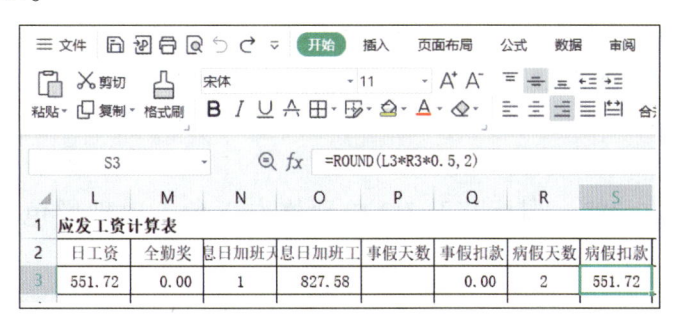

图 2-2-18　输入"病假扣款"公式

【小提示】公式"＝ROUND(L3＊R3＊0.5，2)"，用于按规定计算员工的病假扣款，L3单元格乘R3单元格乘0.5，结果保留两位小数。即病假扣款等于日工资乘病假天数乘0.5。

步骤 24：选中 S3 单元格，鼠标移至 S3 单元格右下角，出现黑色十字时，按住鼠标左键向下拖动到 S41 单元格。

步骤 25：选中 T3 单元格，在 T3 单元格或编辑栏中输入公式："＝Q3+S3"，如图 2-2-19 所示。

图 2-2-19　输入"缺勤扣款"公式

【小提示】公式"＝Q3+S3"，用于按规定计算员工的缺勤扣款，Q3单元格加上S3单元格，即缺勤扣款等于事假扣款加上病假扣款。

步骤 26：选中 T3 单元格，鼠标移至 T3 单元格右下角，出现黑色十字时，按住鼠标左键向下拖动到 T41 单元格。

步骤 27：选中 U3 单元格，在 U3 单元格或编辑栏中输入公式："=G3+H3+I3+J3+K3+M3+O3-T3"，如图 2-2-20 所示。

图 2-2-20　输入"应发工资"公式

【小提示】公式"=G3+H3+I3+J3+K3+M3+O3-T3"，用于按规定计算员工的应发工资，G3 单元格加上 H3 单元格，再加上 I3 单元格，再加上 J3 单元格，再加上 K3 单元格，再加上 M3 单元格，再加上 O3 单元格，减去 T3 单元格，即应发工资等于基本工资加上岗位工资，加上绩效工资，加上工龄工资，加上福利津贴，加上全勤奖，加上休息日加班工资，减去缺勤扣款。

步骤 28：选中 U3 单元格，鼠标移至 U3 单元格右下角，出现黑色十字时，按住鼠标左键向下拖动到 U41 单元格。

最终结果如图 2-2-21 所示。

图 2-2-21　诚品信息科技有限公司应发工资计算表

任务实训

打开"项目二(答题单据).xlsx"Excel文件，找到对应工作表，完成以下操作：

练习：请制作一张友安食品有限公司员工应发工资计算表，样式如图2-2-22所示。

工号	姓名	部门	职务	级别	工龄	基本工资	岗位工资	绩效工资	工龄工资	福利津贴	日工资	全勤奖	休息日加班天数	休息日加班工资	事假天数	事假扣款	病假天数	病假扣款	缺勤扣款	应发工资
100001	叶志晴	行政部门	总经理	高级职员	24	3,000.00	8,000.00	900.00	2,160.00	1,500.00	639.09			0.00	3	1,533.82		0.00	1,533.82	14,026.18
100002	扬嘉怡	行政部门	行政助理	中级职员	22	2,000.00	6,500.00	400.00	1,980.00	1,500.00	494.55	500.00		0.00		0.00		0.00	0.00	12,880.00
100003	王伟强	行政部门	行政助理	中级职员	23	2,000.00	6,500.00	400.00	2,070.00	1,500.00	498.64	500.00		0.00		0.00		0.00	0.00	12,970.00
100004	刘雁玲	财务部门	部门主管	中级职员	17	2,000.00	5,000.00	400.00	1,530.00	1,000.00	405.91	500.00		0.00		0.00		0.00	0.00	10,430.00
100005	陈梦珊	财务部门	会计	一般职员	19	1,500.00	3,500.00	225.00	1,710.00	1,000.00	315.23	500.00		0.00		0.00		0.00	0.00	8,435.00
100006	黄芳芳	财务部门	出纳	一般职员	15	1,500.00	3,500.00	225.00	1,350.00	1,000.00	298.86	500.00		0.00		0.00	1	149.43	149.43	7,425.57
100007	李振宏	采购部门	部门主管	中级职员	15	2,000.00	5,000.00	400.00	1,350.00	500.00	397.73	500.00		0.00		0.00		0.00	0.00	9,750.00
100008	关正国	采购部门	营销人员	一般职员	9	1,500.00	3,500.00	225.00	810.00	500.00	274.32	500.00		0.00		0.00		0.00	0.00	7,035.00
100009	欧阳书琪	销售部门	部门主管	中级职员	20	2,000.00	5,000.00	400.00	1,800.00	500.00	418.18	500.00	2	1,254.54		0.00		0.00	0.00	11,454.54
100010	陈梦雅	销售部门	营销人员	一般职员	17	1,500.00	3,500.00	225.00	1,530.00	500.00	307.05	500.00		0.00		0.00		0.00	0.00	7,755.00
100011	邓维超	生产部门	部门主管	中级职员	16	2,000.00	5,000.00	400.00	1,440.00	800.00	401.82	500.00	1	602.73		0.00		0.00	0.00	10,742.73
100012	陈曼婷	生产部门	员工	一般职员	6	1,500.00	3,500.00	225.00	540.00	800.00	262.05			0.00	1	209.64		0.00	209.64	6,355.36
100013	罗婉妍	生产部门	员工	一般职员	9	1,500.00	3,500.00	225.00	810.00	800.00	274.32	500.00	1	411.48		0.00		0.00	0.00	7,746.48
100014	王益利	生产部门	员工	一般职员	1	1,500.00	3,500.00	225.00	50.00	800.00	239.77	500.00		0.00		0.00		0.00	0.00	6,575.00
100015	朱楚军	生产部门	员工	一般职员	4	1,500.00	3,500.00	225.00	360.00	800.00	253.86	500.00		0.00		0.00		0.00	0.00	6,885.00

图2-2-22 友安食品有限公司员工应发工资计算表

该公司薪酬制度如下：

(1)基本工资：一般职员的基本工资为1500元，中级职员的基本工资为2000元，高级职员的基本工资为3000元。

(2)岗位工资：总经理职务岗位工资为8000元，行政助理职务岗位工资为6500元，部门主管职务岗位工资为5000元，其他职务的员工岗位工资为3500元。

(3)绩效工资：一般职员的绩效工资为基本工资的15%，中级职员的绩效工资为基本工资的20%，高级职员的绩效工资为基本工资的30%。

(4)工龄工资：入职工龄1年及1年以下的，工龄工资按每年50元计算；1年以上的，工龄工资按每年90元计算。

(5)福利津贴：行政部门的福利津贴为1500元，财务部门的福利津贴为1000元，生产部门的福利津贴为800元，其他部门的福利津贴为500元。

(6)日工资：(基本工资+岗位工资+绩效工资+工龄工资)/22天。

(7)全勤奖为500元。

(8)休息日加班工资：日工资的1.5倍。

(9)事假扣款：日工资的0.8倍。

(10)病假扣款：日工资的0.5倍。

(11)应发工资：基本工资+岗位工资+绩效工资+工龄工资+福利津贴+全勤奖+休息日加班工资-缺勤扣款。

任务评价

同学们，本任务的学习结束了，请你对以下内容进行评价：

评价项目	评价内容	分数	自我评分	小组评分	教师评分
任务实施 （60分）	是否掌握应发工资计算表的设置单元格的方法	30分			
	是否掌握运用IF、ROUND等函数计算员工基本工资、岗位工资、绩效工资、工龄工资等	30分			
工作态度 （20分）	工作积极性	5分			
	工作责任心	5分			
	工作责任感	5分			
	工作效率	5分			
职业素养 （20分）	团队协作	5分			
	沟通表达	5分			
	认真严谨	10分			

任务 3　实发工资的计算

任务背景

人力资源专员阮小伍根据公司的薪酬制度和个人所得税的扣缴比例，制作社会保险和住房公积金计算表和个人所得税计算表，如图 2-3-1、图 2-3-2 所示。

图 2-3-1　社会保险和住房公积金计算表

图 2-3-2　个人所得税计算表

项目二　薪酬管理

本月发生的员工专项附加扣除和公司实行的社保及公积金比例和个人所得税预扣率表，如表 2-3-1、表 2-3-2 和表 2-3-3 所示。

表 2-3-1　社保及公积金比例　　　　　　　　　　　　　　　　　　　　单位：%

项目	养老保险	医疗保险	失业保险	工伤保险	生育保险	住房公积金
单位	14.00	8.00	0.50	0.50	0.50	5.00
个人	8.00	2.00	0.20	0.00	0.00	10.00

表 2-3-2　员工专项附加扣除　　　　　　　　　　　　　　　　　　　　单位：元

项目	子女教育	赡养老人	住房贷款	住房租金	继续教育
宋小江	500.00				400.00
卢俊义		1000.00			400.00
公孙盛			1000.00		
林充				300.00	
花荣荣		1000.00			
朱全砼			1000.00		
董平军	500.00				
索超级		500.00			400.00
史大进			1000.00		
李俊仁	500.00				
阮小伍					400.00
石秀绣			1000.00		
燕清					400.00

表 2-3-3　个人所得税预扣率表

级数	累计预扣预缴应纳税所得额	辅助列	预扣率/%	速算扣除数
1	不超过 36000 元的部分	0.0001	3.00	0.00
2	超过 36000 元至 144000 元的部分	36000.0001	10.00	2520.00
3	超过 144000 元至 300000 元的部分	144000.0001	20.00	16920.00
4	超过 300000 元至 420000 元的部分	300000.0001	25.00	31 920.00
5	超过 420000 元至 660000 元的部分	420000.0001	30.00	52920.00
6	超过 660000 元至 960000 元的部分	660000.0001	35.00	85920.00
7	超过 960000 元的部分	960000.0001	45.00	181 920.00

任务分析

为了制作完成社会保险和住房公积金计算表和个人所得税计算表，阮小伍了解到社会保险和住房公积金计算表由职工缴纳部分和企业缴纳部分两部分组成。个人所得税计算表由个

人信息、应发工资、专项扣除、专项附加扣除、代扣税扣除、实发工资六个部分组成。

本次任务共分为两个子任务：①创建社保和公积金计算表；②创建个人所得税计算表。

任务 3.1　创建社保和公积金计算表

知识点分析

一、社会保险和住房公积金表的创建需要运用以下知识点

(1) 设置表格边框。

(2) 标题合并单元格。

二、社会保险和住房公积金的计算、个人所得税计算表的计算需要运用以下知识点

(1) VLOOKUP 函数解析。VLOOKUP 函数是用于在数据表中进行垂直查找的函数。在表格或数值数组的首列查找指定的数值，并由此返回表格或数组当前行中指定列的数值。VLOOKUP 函数有四个参数，语法=VLOOKUP(要查找的值，要查找的区域，返回数据在查找的区域的列数，近似匹配/精确匹配)。

(2) IFERROR 函数解析。IFERROR 函数是检查是否存在错误的参数。如果公式的计算结果为错误，则返回指定的值；否则将返回公式的结果。IFERROR 函数有两个参数，语法=IFERROR(条件成立是显示的内容，不成立要显示的内容)。

创建社保和公积金计算表

任务实施

步骤 01：打开"项目二(答题单据).xlsx"Excel 文件，打开工作表"社保和公积金计算表"，如图 2-3-3 所示。

图 2-3-3　打开工作表

步骤 02：按住"Ctrl"键，同时选择 A1：P1、A2：A3、B2：B3、C2：C3、D2：D3、E2：I2、J2：P2 单元格区域，单击"开始"选项卡，在功能区中选择"合并居中"，如图 2-3-4 所示。

图 2-3-4　选择"合并居中"

步骤 03：在下列单元格填入信息：

（1）在 A1 单元格中输入"诚品信息科技有限公司社会保险和住房公积金计算表"。

（2）在 A2：J2 单元格区域分别输入"工号""姓名""部门""缴费工资""职工缴纳部分""企业缴纳部分"。

（3）在 E3：I3 单元格区域分别输入"养老保险""医疗保险""失业保险""住房公积金""个人代扣合计"。

（4）在 J3：P3 单元格区域分别输入"养老保险""医疗保险""失业保险""工伤保险""生育保险""住房公积金""企业缴费合计"，如图 2-3-5 所示。

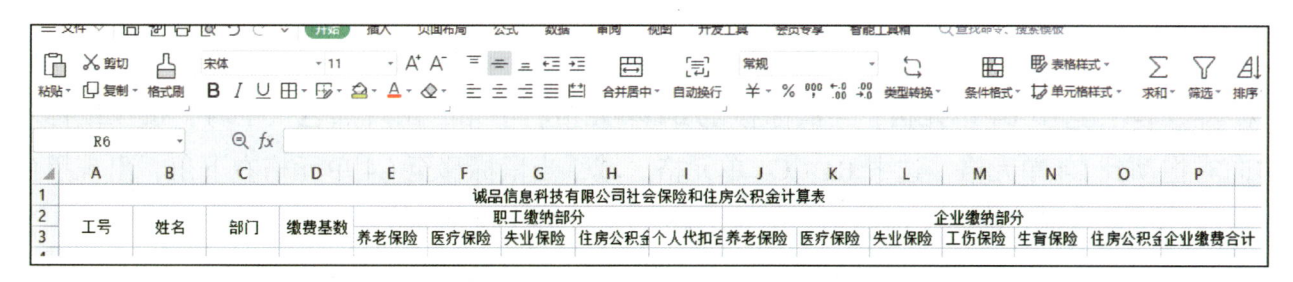

图 2-3-5　输入社会保险和住房公积金计算表表头信息

步骤 04：在 A4 单元格中输入"1"。

步骤 05：当鼠标移至 A4 单元格右下角，出现黑色十字时，按住鼠标左键向下拖动到 A42 单元格。按"Ctrl"+"1"组合键，在弹出"单元格格式"的对话框中，打开"数字"选项卡，在"分类"下拉列表中选择"自定义"，在"类型"中选择"G/通用格式"，如图 2-3-6 所示。

步骤 06：修改"G/通用格式"为"0000"（"0000"表示 4 位数），单击"确定"按钮，如图 2-3-7 所示。

图 2-3-6　选择"G/通用格式"格式　　　　图 2-3-7　输入"0000"

步骤07：选中B4单元格，在B4单元格或编辑栏中输入公式："=基本信息表!B4（引用"基本信息表"B4单元格的数据）"，如图2-3-8所示。

图2-3-8 输入"姓名"公式

【小提示】公式"=基本信息表！B4"，表示B4单元格的值等于"基本信息表"工作表B4单元格的值。

步骤08：选中B4单元格，当鼠标移至B4单元格右下角，出现黑色十字时，按住鼠标左键向右拖动到C4单元格。选中B4：C4单元格区域，当鼠标移至C4单元格右下角，出现黑色十字时，按住鼠标左键向下拖动到C42单元格，如图2-3-9所示。

步骤09：选中D4单元格，在D4单元格或编辑栏中输入公式："=SUM(应发工资计算表!G3：H3)"，如图2-3-10所示。

图2-3-9 选择单元格并向下拖动 　　　　图2-3-10 输入"缴费基数"公式

【小提示】公式"=SUM(应发工资计算表！G3：H3)"，用于按规定计算缴费基数。表示在"应发工资计算表"工作表中G3单元格的值和H3单元格的值相加。

步骤10： 选中 D4 单元格，当鼠标移至 D4 单元格右下角，出现黑色十字时，按住鼠标左键向下拖动到 D42 单元格。

步骤11： 将本项目"任务背景"中的表 2-3-1"社保及公积金比例"的表格复制到 R3：X5 单元格区域，如图 2-3-11 所示。

步骤12： 选中 E4 单元格，在 E4 单元格或编辑栏中输入公式："＝$D4＊$S$5"，如图 2-3-12 所示。

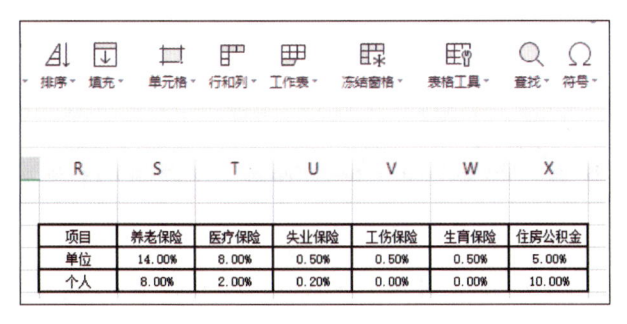

图 2-3-11　复制"社保及公积金比例"

图 2-3-12　输入"养老保险"公式

【小提示】

①公式"＝$D4＊$S$5"，按扣除比例计算养老保险（职工缴纳部分）。表示 D4 单元格的值乘 S5 单元格的值。

②绝对引用：单元格中的绝对单元格引用（例如：$S$5）总是在指定位置引用单元格。如果公式所在单元格的位置改变，绝对引用所在单元格的位置保持不变。

步骤13： 选中 E4 单元格，当鼠标移至 E4 单元格右下角，出现黑色十字时，按住鼠标左键向下拖动到 E42 单元格。

步骤14： 选中 F4 单元格，在 F4 单元格或编辑栏中输入公式："＝$D4＊$T$5"，如图 2-3-13 所示。

图 2-3-13　输入"医疗保险"公式

【小提示】

①公式"＝$D4＊$T$5"，按扣除比例计算医疗保险（职工缴纳部分）。表示 D4 单元格的值乘 T5 单元格的值。

②绝对引用：单元格中的绝对单元格引用（例如：$T$5）总是在指定位置引用单元格。如果公式所在单元格的位置改变，绝对引用所在单元格的位置保持不变。

步骤15：选中 F4 单元格，当鼠标移至 F4 单元格右下角，出现黑色十字时，按住鼠标左键向下拖动到 F42 单元格。

步骤16：选中 G4 单元格，在 G4 单元格或编辑栏中输入公式："=$D4*$U$5"，如图 2-3-14 所示。

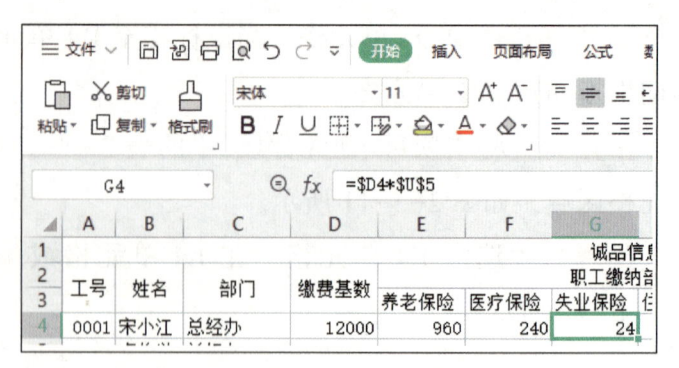

图 2-3-14　输入"失业保险"公式

【小提示】

①公式"=$D4*$U$5"，按扣除比例计算失业保险（职工缴纳部分）。表示 D4 单元格的值乘 U5 单元格的值。

②绝对引用：单元格中的绝对单元格引用（例如：$U$5）总是在指定位置引用单元格。如果公式所在单元格的位置改变，绝对引用所在单元格的位置保持不变。

步骤17：选中 G4 单元格，当鼠标移至 G4 单元格右下角，出现黑色十字时，按住鼠标左键向下拖动到 G42 单元格。

步骤18：选中 H4 单元格，在 H4 单元格或编辑栏中输入公式："=$D4*$X$5"，如图 2-3-15 所示。

图 2-3-15　输入"住房公积金"公式

【小提示】

①公式"=$D4*$X$5"，按扣除比例计算住房公积金（职工缴纳部分）。表示 D4 单元格的值乘 X5 单元格的值。

②绝对引用：单元格中的绝对单元格引用（例如，$X$5）总是在指定位置引用单元格。如果公式所在单元格的位置改变，绝对引用所在单元格的位置保持不变。

步骤19：选中 H4 单元格，当鼠标移至 H4 单元格右下角，出现黑色十字时，按住鼠标左键向下拖动到 H42 单元格。

步骤20：选中 E4：I4 单元格区域，按"Alt"+"="组合键，系统自动求和："=SUM(E4：H4)"，如图 2-3-16 所示。

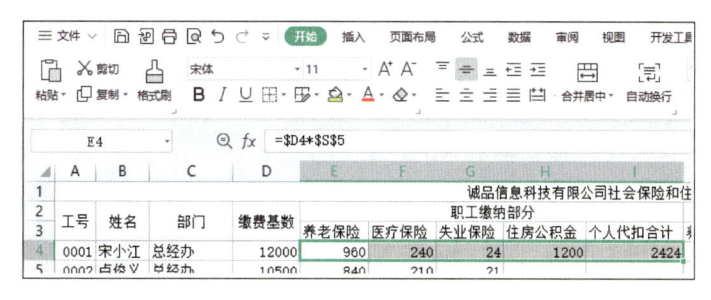

图 2-3-16　自动求和

【小提示】
①公式"=SUM(E4：H4)",表示 E4 单元格到 H4 单元格的值相加；
②"Alt"+"="组合键是自动求和的快捷键。

步骤 21：选中 I4 单元格，当鼠标移至 I4 单元格右下角，出现黑色十字时，按住鼠标左键向下拖动到 I42 单元格。

步骤 22：选中 J4 单元格，在 J4 单元格或编辑栏中输入公式："=$D4*S$4",如图 2-3-17 所示。

图 2-3-17　输入"养老保险"公式

【小提示】公式"=$D4*S$4",按扣除比例计算养老保险(企业缴纳部分)。表示 D4 单元格的值乘 S4 单元格的值。

步骤 23：选中 J4 单元格，当鼠标移至 J4 单元格右下角，出现黑色十字时，按住鼠标左键向右拖动到 O4 单元格，如图 2-3-18 所示。

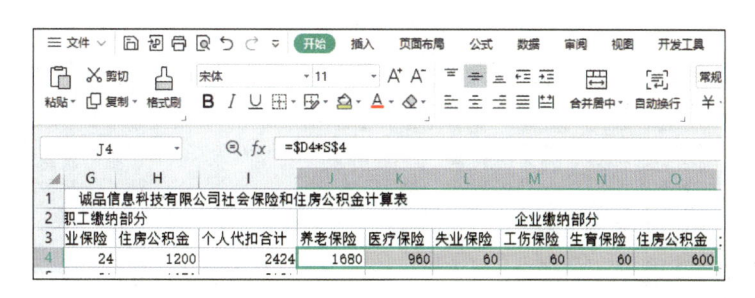

图 2-3-18　选择单元格向右拖动

步骤 24：选中 J4：P4 单元格区域，按"Alt"+"="组合键，系统自动求和："=SUM(J4：O4)",如图 2-3-19 所示。

财务数据处理实务

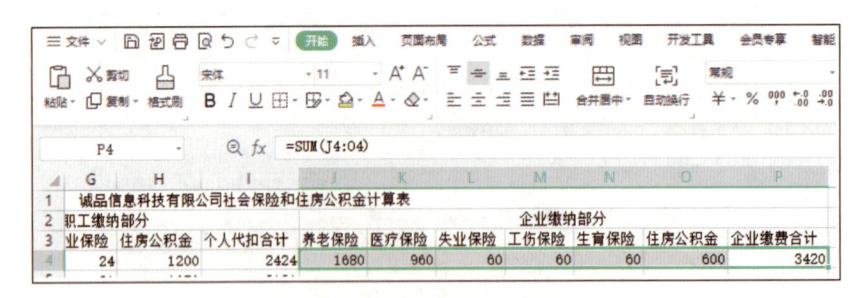

图 2-3-19 自动求和

【小提示】公式"=SUM(J4：O4)"，表示 J4 单元格到 O4 单元格的值相加。

步骤 25：选中 J4：P4 单元格区域，当鼠标移至 P4 单元格右下角，出现黑色十字时，按住鼠标左键向下拖动到 P42 单元格。

步骤 26：选中 D4：P42 单元格区域，单击"开始"选项卡，在功能区中选择"右对齐"，再按"Ctrl"+"1"组合键。

步骤 27：在弹出"单元格格式"的对话框中，打开"数字"选项卡，在"分类"下拉列表中选择"数值"，"小数位数"输入"2"，勾选"使用千位分隔符"，在"负数"区域中选择"-1,234.10"，单击"确定"按钮，如图 2-3-20 所示。

步骤 28：选中 A 到 P 列，鼠标右键单击，单击"最适合的列宽"，如图 2-3-21 所示。

图 2-3-20 选择"数值"格式

图 2-3-21 选择"最适合的列宽"

步骤 29：选中 A2：P42 单元格区域，单击"开始"选项卡，在功能区中选择"所有框线"，如图 2-3-22 所示。

图 2-3-22　选择"所有框线"

最终结果如图 2-3-23 所示：

图 2-3-23　诚品信息科技有限公司社会保险和住房公积金计算表

任务 3.2　创建个人所得税计算表

知识点分析

一、个人所得税计算表的创建需要运用以下知识点

（1）设置表格边框。

（2）标题合并单元格。

二、社会保险和住房公积金的计算、个人所得税计算表的计算需要运用以下知识点：

（1）VLOOKUP 函数解析。VLOOKUP 函数是用于在数据表中进行垂直查找的函数。在表格或数值数组的首列查找指定的数值，并由此返回表格或数组当前行中指定列的数值。VLOOKUP 函数有四个参数，语法=VLOOKUP（要查找的值，要查找的区域，返回数据在查找的区域的列数，近似匹配/精确匹配）。

（2）IFERROR 函数解析。IFERROR 函数是检查是否存在错误的参数。如果公式的计算结果为错误，则返回指定的值；否则将返回公式的结果。IFERROR 函数有两个参数，语法=IFERROR（条件成立是显示的内容，不成立要显示的内容）。

创建个人所得税计算表

任务实施

步骤 01：打开"项目二（答题单据）.xlsx" Excel 文件，打开工作表"个人所得税计算表"，如图 2-3-24 所示。

步骤 02：按住"Ctrl"键，同时选择 A1：U1、A2：C2、D2：D3、E2：I2、J2：O2、P2：T2、U2：U3 单元格区域，单击"开始"选项卡，在功能区中选择"合并居中"，如图 2-3-25 所示。

图 2-3-24 打开工作表

图 2-3-25 选择"合并居中"

步骤 03：在下列单元格填入信息：

（1）在 A1 单元格中输入"诚品信息科技有限公司个人所得税计算表"。

（2）在 A2 单元格输入"个人信息"，在 D2 单元格输入"应发工资"，在 E2 单元格输入"专项扣除"，在 J2 单元格输入"专项附加扣除"，在 P2 单元格输入"代扣税计算"，在 U2 单元格输入"实发工资"。

（3）在 A3：C3 单元格区域分别输入"工号""姓名""部门"。

（4）在 E2：I2 单元格区域分别输入"养老保险""医疗保险""失业保险""住房公积金""专项扣除小计"。

（5）在 J2：O2 单元格区域分别输入"子女教育""赡养老人""住房贷款""住房租金""继续教育""专项附加扣除小计"。

（6）在 P2：T2 单元格区域分别输入"减除费用""应纳税所得额""税率/预扣率""速算扣除

数""应纳税额",如图 2-3-26 所示。

图 2-3-26　输入个人所得税计算表表头信息

步骤 04：选中 A4 单元格，在 A4 单元格或编辑栏中输入公式："=基本信息表！A4(引用"基本信息表"A4 单元格的数据)"，如图 2-3-27 所示。

图 2-3-27　输入"工号"公式

【小提示】公式"=基本信息表！A4"，表示 A4 单元格的值等于"基本信息表"工作表 A4 单元格的值。

步骤 05：选中 A4 单元格，当鼠标移至 A4 单元格右下角，出现黑色十字时，按住鼠标左键向右拖动到 C4 单元格。选中 A4：C4 单元格区域，当鼠标移至 C4 单元格右下角，出现黑色十字时，按住鼠标左键向下拖动到 C42 单元格，如图 2-3-28 所示。

步骤 06：选中 D4 单元格，在 D4 单元格或编辑栏中输入公式："=VLOOKUP(B4，应发工资计算表！B3：U41，20，0)"，如图 2-3-29 所示。

图 2-3-28　选择单元格向下拖动 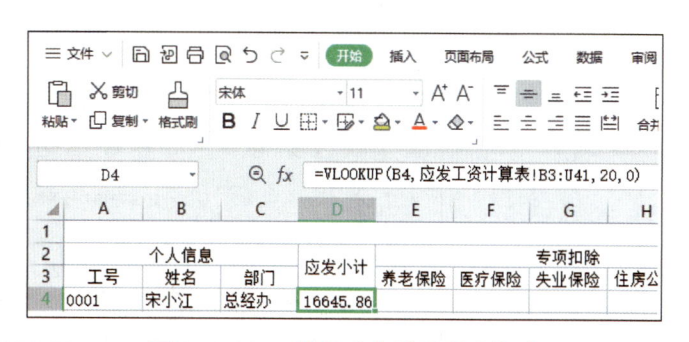　　　　图 2-3-29　输入"应发小计"公式

【小提示】公式"=VLOOKUP(B4，应发工资计算表！B3：U41，20，0)"，表示在"应发工资计算表"的B3：U41单元格区域的第20列的数据中查找符合B4单元格的数据。

步骤07：选中D4单元格，鼠标移至D4单元格右下角，出现黑色十字时，按住鼠标左键向下拖动到D42单元格。

步骤08：选中E4单元格，在E4单元格或编辑栏中输入公式："=VLOOKUP(B4，社保和公积金计算表！\$B\$4：\$P\$42，4，0)"，如图2-3-30所示。

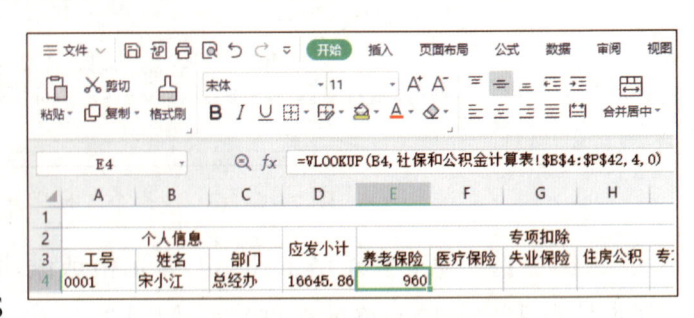

图2-3-30　输入"养老保险"公式

【小提示】公式"=VLOOKUP(B4，社保和公积金计算表！\$B\$4：\$P\$42，4，0)"，表示在"社保和公积金计算表"的B4：P42单元格区域的第4列的数据中查找符合B4单元格的数据。

步骤09：选中F4单元格，在F4单元格或编辑栏中输入公式："=VLOOKUP(B4，社保和公积金计算表！\$B\$4：\$P\$42，5，0)"，如图2-3-31所示。

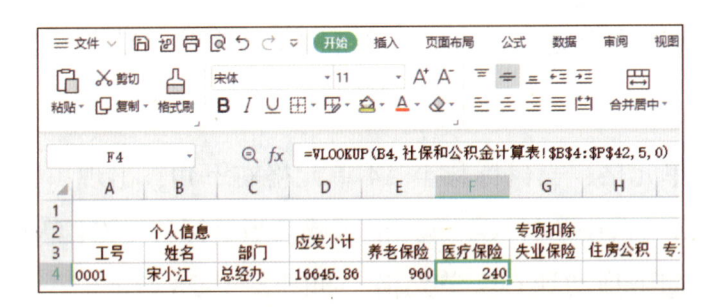

图2-3-31　输入"医疗保险"公式

【小提示】公式"=VLOOKUP(B4，社保和公积金计算表！\$B\$4：\$P\$42，5，0)"，表示在"社保和公积金计算表"的B4：P42单元格区域的第5列的数据中查找符合B4单元格的数据。

步骤10：选中G4单元格，在G4单元格或编辑栏中输入公式："=VLOOKUP(B4，社保和公积金计算表！\$B\$4：\$P\$42，6，0)"，如图2-3-32所示。

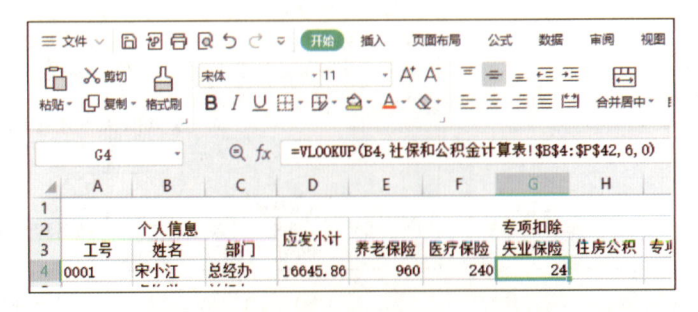

图2-3-32　输入"失业保险"公式

【小提示】公式"＝VLOOKUP（B4，社保和公积金计算表！$B$4：$P$42，6，0）"，表示在"社保和公积金计算表"的B4：P42单元格区域的第6列的数据中查找符合B4单元格的数据。

步骤11：选中H4单元格，在H4单元格或编辑栏中输入公式："＝VLOOKUP（B4，社保和公积金计算表！$B$4：$P$42，7，0）"，如图2-3-33所示。

【小提示】公式"＝VLOOKUP（B4，社保和公积金计算表！$B$4：$P$42，7，0）"，表示在"社保和公积金计算表"的B4：P42区域的第7列的数据中查找符合B4单元格的数据。

步骤12：选中E4：I4单元格区域，按"Alt"+"＝"组合键，系统自动求和："＝SUM（E4：H4）"，如图2-3-34所示。

图2-3-33　输入"住房公积金"公式

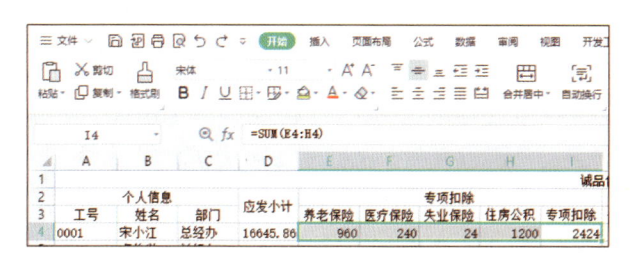

图2-3-34　自动求和

【小提示】
①公式"＝SUM（E4：H4）"，表示E4单元格到H4单元格的值相加。
②"Alt"+"＝"组合键是自动求和的快捷键。

步骤13：选中E4：I4单元格区域，当鼠标移至I4单元格右下角，出现黑色十字时，按住鼠标左键向下拖动到I42单元格，如图2-3-35所示。

步骤14：将本项目"任务背景"中的表2-3-2的"员工专项附加扣除"中"休息日加班天数""事假天数""病假天数"的扣除信息填入Excel表中。

步骤15：选中J4：O4单元格区域，按"Alt"+"＝"组合键，系统自动求和："＝SUM（J4：O4）"，如图2-3-36所示。

图2-3-35　选择单元格向下拖动

图 2-3-36　自动求和

【小提示】公式"=SUM(J4：N4)"，表示 J4 单元格到 N4 单元格的值相加。

步骤 16：选中 O4 单元格，鼠标移至 O4 单元格右下角，出现黑色十字时，按住鼠标左键向下拖动到 O42 单元格。

步骤 17：选中 P4：P42 单元格区域，在其中的反白单元格中输入"5000"，如图 2-3-37 所示。

步骤 18：然后按"Ctrl"+"Enter"组合键，自动填充，如图 2-3-38 所示。

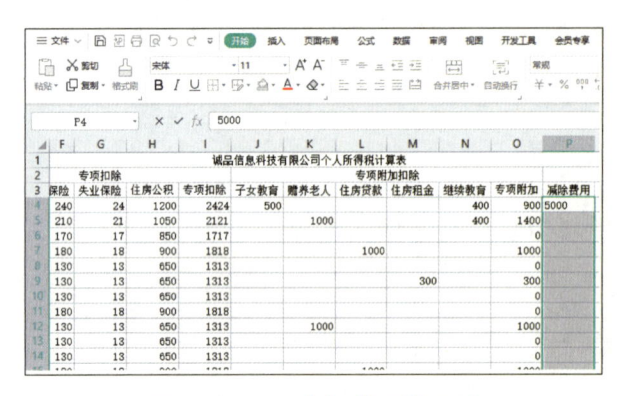

图 2-3-37　选择单元格区域　　　　图 2-3-38　自动填充

【小提示】

"Ctrl"+"Enter"组合键的作用：

(1)连续输入相同内容。选中要填充的数据，之后在单元格中输入内容，然后按"Ctrl"+"Enter"组合键即可。

(2)快速填充不连续单元格。选中表格区域，按"Ctrl"+"G"组合键打开定位条件对话框，选择"空值"。在单元格中输入内容，然后按"Ctrl"+"Enter"组合键全部填充空白单元格。

(3)在合并单元格内填充公式。选中合并单元格区域，在第一个合并单元格内输入函数公式，按"Ctrl"+"Enter"组合键即可填充所有合并单元格的相应公式。

步骤19：选中 Q4 单元格，在 Q4 单元格或编辑栏中输入公式："＝D4-I4-O4-P4"，如图 2-3-39 所示。

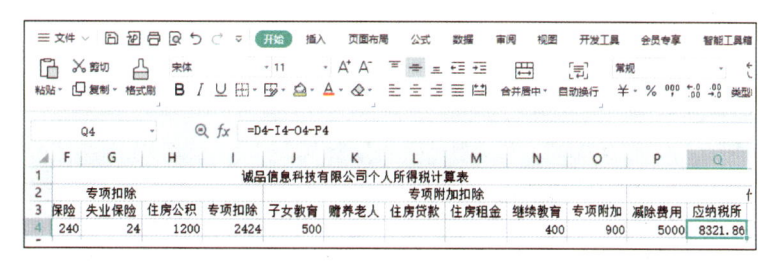

图 2-3-39　输入"应纳税所得额"公式

【小提示】公式"＝D4-I4-O4-P4"，表示 D4 单元格的值减去 I4 单元格的值再减去 O4 单元格的值，再减去 P4 单元格的值。应纳税所得额=应发合计-专项扣除合计-专项附加扣除合计-减除费用。

步骤20：将本项目"任务背景"中的表 2-3-3 的"个人所得税预扣率表"的表格复制到 W4：AA11 单元格区域，如图 2-3-40 所示。

图 2-3-40　复制"个人所得税预扣率表"

步骤21：选中 R4 单元格，在 R4 单元格或编辑栏中输入公式："＝IFERROR（VLOOKUP（Q4，Y：AA，2，1），""）"，如图 2-3-41 所示。

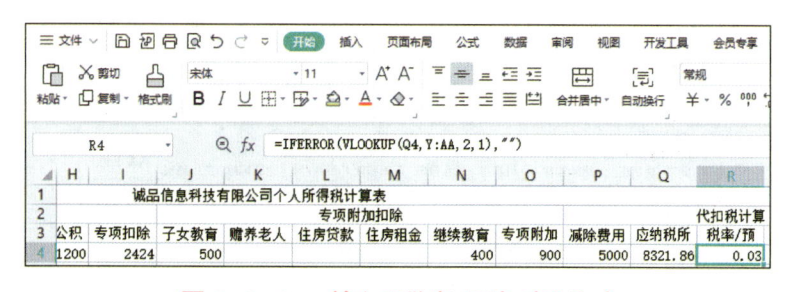

图 2-3-41　输入"税率/预扣率"公式

【小提示】公式"＝IFERROR（VLOOKUP（Q4，Y：AA，2，1），""）"，表示在 Y：AA 单元格区域的第 2 列的数据中查找符合 B4 单元格的数据。

步骤 22：选中 S4 单元格，在 S4 单元格或编辑栏中输入公式："＝IFERROR（VLOOKUP（Q4，Y：AA，3，1），""）"，如图 2-3-42 所示。

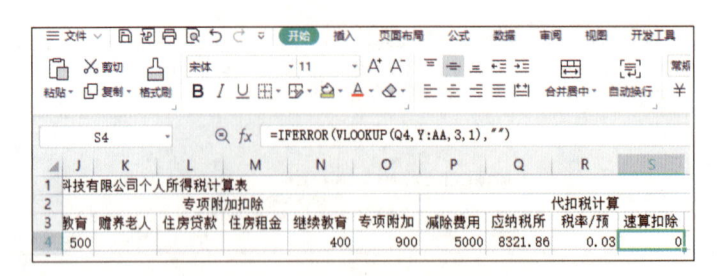

图 2-3-42　输入"速算扣除数"公式

【小提示】公式"＝IFERROR（VLOOKUP（Q4，Y：AA，3，1），""）"，表示在 Y：AA 单元格区域的第 3 列的数据中查找符合 B4 单元格的数据。

步骤 23：选中 T4 单元格，在 T4 单元格或编辑栏中输入公式："＝IFERROR（ROUND（Q4＊R4-S4，2），""）"，如图 2-3-43 所示。

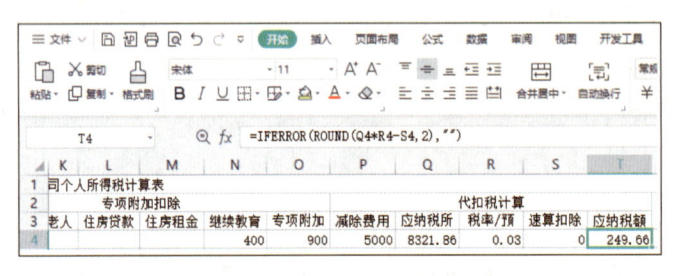

图 2-3-43　输入"应纳税额"公式

【小提示】公式"＝IFERROR（ROUND（Q4＊R4-S4，2），""）"，表示 Q4 单元格的值乘 R4 单元格的值减去 S4 单元格的值，结果保留两位小数。

步骤 24：选中 U4 单元格，在 U4 单元格或编辑栏中输入公式："＝IF（Q4＞0，D4-I4-O4-T4，D4-I4-O4）"，如图 2-3-44 所示。

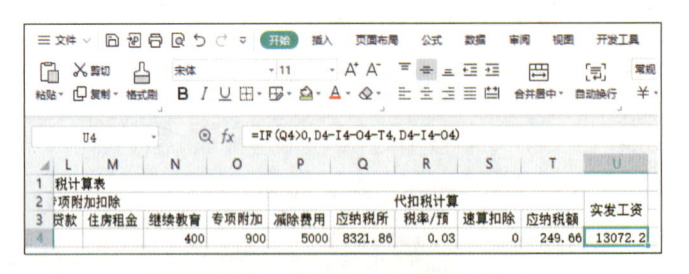

图 2-3-44　输入"实发工资"公式

【小提示】公式"＝IF（Q4＞0，D4-I4-O4-T4，D4-I4-O4）"，表示如果 Q4 单元格大于 0，实发工资就等于 D4 单元格的值减去 I4 单元格的值，再减去 O4 单元格的值，再减去 T4 单元格的值，否则实发工资等于 D4 单元格的值减去 I4 单元格的值，再减去 O4 单元格的值。

步骤 25：选中 Q4：U4 单元格区域，当鼠标移至 U4 单元格右下角，出现黑色十字时，按住鼠标左键向下拖动到 U42 单元格。

步骤 26：选中 A4：U42 单元格区域，单击"开始"选项卡，在功能区中选择"千位分隔符"，如图 2-3-45 所示。

图 2-3-45　选择"千位分隔符"

步骤 27：选中 A：U 列，单击鼠标右键，单击"最适合的列宽"。

步骤 28：选中 D4 单元格，单击"开始"选项卡，在功能区中选择"冻结窗口"下拉框，选择"冻结至第 3 行 C 列"，如图 2-3-46 所示。

步骤 29：选中 A2：U42 单元格区域，单击"开始"选项卡，在功能区中选择"所有框线"。

最终结果如图 2-3-47 所示。

图 2-3-46　选择"冻结窗口"

图 2-3-47　诚品信息科技有限公司个人所得税计算结果

任务实训

打开"项目二(答题单据).xlsx"Excel 文件，找到对应工作表，完成以下操作：

练习01：请制作一张友安食品有限公司社会保险和住房公积金计算表，样式如图 2-3-48 所示。

友安食品有限公司社会保险和住房公积金计算表

工号	姓名	部门	缴费基数	职工缴纳部分					企业缴纳部分					
				养老保险	医疗保险	失业保险	住房公积金	个人代扣合计	养老保险	医疗保险	失业保险	工伤保险	生育保险	住房公积金	企业缴费合计
100001	叶志晴	行政部门	15,560.00	1,244.80	466.80	31.12	1,556.00	3,298.72	2,489.60	1,244.80	311.20	155.60	77.80	1,556.00	5,835.00
100002	扬嘉怡	行政部门	12,380.00	990.40	371.40	24.76	1,238.00	2,624.56	1,980.80	990.40	247.60	123.80	61.90	1,238.00	4,642.50
100003	王伟强	行政部门	12,470.00	997.60	374.10	24.94	1,247.00	2,643.64	1,995.20	997.60	249.40	124.70	62.35	1,247.00	4,676.25
100004	刘雁玲	财务部门	9,930.00	794.40	297.90	19.86	993.00	2,105.16	1,588.80	794.40	198.60	99.30	49.65	993.00	3,723.75
100005	陈梦瑕	财务部门	7,935.00	634.80	238.05	15.87	793.50	1,682.22	1,269.60	634.80	158.70	79.35	39.68	793.50	2,975.63
100006	黄芳芳	财务部门	7,575.00	606.00	227.25	15.15	757.50	1,605.90	1,212.00	606.00	151.50	75.75	37.88	757.50	2,840.63
100007	李振宏	采购部门	9,250.00	740.00	277.50	18.50	925.00	1,961.00	1,480.00	740.00	185.00	92.50	46.25	925.00	3,468.75
100008	关正国	采购部门	6,535.00	522.80	196.05	13.07	653.50	1,385.42	1,045.60	522.80	130.70	65.35	32.68	653.50	2,450.63
100009	欧阳书琪	销售部门	9,700.00	776.00	291.00	19.40	970.00	2,056.40	1,552.00	776.00	194.00	97.00	48.50	970.00	3,637.50
100010	陈梦雅	销售部门	7,255.00	580.40	217.65	14.51	725.50	1,538.06	1,160.80	580.40	145.10	72.55	36.28	725.50	2,720.63
100011	邓维超	生产部门	9,640.00	771.20	289.20	19.28	964.00	2,043.68	1,542.40	771.20	192.80	96.40	48.20	964.00	3,615.00
100012	陈曼婷	生产部门	6,565.00	525.20	196.95	13.13	656.50	1,391.78	1,050.40	525.20	131.30	65.65	32.83	656.50	2,461.88
100013	罗婉妍	生产部门	6,835.00	546.80	205.05	13.67	683.50	1,449.02	1,093.60	546.80	136.70	68.35	34.18	683.50	2,563.13
100014	王益利	生产部门	6,075.00	486.00	182.25	12.15	607.50	1,287.90	972.00	486.00	121.50	60.75	30.38	607.50	2,278.13
100015	朱楚军	生产部门	6,385.00	510.80	191.55	12.77	638.50	1,353.62	1,021.60	510.80	127.70	63.85	31.93	638.50	2,394.38

图 2-3-48　友安食品有限公司社会保险和住房公积金计算结果

该公司薪酬制度如下：

缴费基数：基本工资+岗位工资+绩效工资+工龄工资+福利津贴。

本公司实行的社保及公积金比例如表 2-3-4 所示。

表 2-3-4　社保及公积金比例　　　　　　　　　　　　　　　　　　　　　　单位：%

项目	养老保险	医疗保险	失业保险	工伤保险	生育保险	住房公积金
单位	16.00	8.00	2.00	1.00	0.50	10.00
个人	8.00	3.00	0.20	0.00	0.00	10.00

练习02：请制作一张友安食品有限公司个人所得税计算表，样式如图 2-3-49 所示。

友安食品有限公司社会保险和住房公积金计算表

工号	姓名	部门	缴费基数	职工缴纳部分					企业缴纳部分					
				养老保险	医疗保险	失业保险	住房公积金	个人代扣合计	养老保险	医疗保险	失业保险	工伤保险	生育保险	住房公积金	企业缴费合计
100001	叶志晴	行政部门	15,560.00	1,244.80	466.80	31.12	1,556.00	3,298.72	2,489.60	1,244.80	311.20	155.60	77.80	1,556.00	5,835.00
100002	扬嘉怡	行政部门	12,380.00	990.40	371.40	24.76	1,238.00	2,624.56	1,980.80	990.40	247.60	123.80	61.90	1,238.00	4,642.50
100003	王伟强	行政部门	12,470.00	997.60	374.10	24.94	1,247.00	2,643.64	1,995.20	997.60	249.40	124.70	62.35	1,247.00	4,676.25
100004	刘雁玲	财务部门	9,930.00	794.40	297.90	19.86	993.00	2,105.16	1,588.80	794.40	198.60	99.30	49.65	993.00	3,723.75
100005	陈梦瑕	财务部门	7,935.00	634.80	238.05	15.87	793.50	1,682.22	1,269.60	634.80	158.70	79.35	39.68	793.50	2,975.63
100006	黄芳芳	财务部门	7,575.00	606.00	227.25	15.15	757.50	1,605.90	1,212.00	606.00	151.50	75.75	37.88	757.50	2,840.63
100007	李振宏	采购部门	9,250.00	740.00	277.50	18.50	925.00	1,961.00	1,480.00	740.00	185.00	92.50	46.25	925.00	3,468.75
100008	关正国	采购部门	6,535.00	522.80	196.05	13.07	653.50	1,385.42	1,045.60	522.80	130.70	65.35	32.68	653.50	2,450.63
100009	欧阳书琪	销售部门	9,700.00	776.00	291.00	19.40	970.00	2,056.40	1,552.00	776.00	194.00	97.00	48.50	970.00	3,637.50
100010	陈梦雅	销售部门	7,255.00	580.40	217.65	14.51	725.50	1,538.06	1,160.80	580.40	145.10	72.55	36.28	725.50	2,720.63
100011	邓维超	生产部门	9,640.00	771.20	289.20	19.28	964.00	2,043.68	1,542.40	771.20	192.80	96.40	48.20	964.00	3,615.00
100012	陈曼婷	生产部门	6,565.00	525.20	196.95	13.13	656.50	1,391.78	1,050.40	525.20	131.30	65.65	32.83	656.50	2,461.88
100013	罗婉妍	生产部门	6,835.00	546.80	205.05	13.67	683.50	1,449.02	1,093.60	546.80	136.70	68.35	34.18	683.50	2,563.13
100014	王益利	生产部门	6,075.00	486.00	182.25	12.15	607.50	1,287.90	972.00	486.00	121.50	60.75	30.38	607.50	2,278.13
100015	朱楚军	生产部门	6,385.00	510.80	191.55	12.77	638.50	1,353.62	1,021.60	510.80	127.70	63.85	31.93	638.50	2,394.38

图 2-3-49　友安食品有限公司个人所得税计算结果

本月发生的员工专项附加扣除如表 2-3-5 所示。

表 2-3-5　员工专项附加扣除　　　　　　　　　　　单位：元

项目	子女教育	赡养老人	住房贷款	住房租金	继续教育
叶志晴	1000.00				400.00
扬嘉怡		1000.00			400.00
王伟强					400.00
刘雁玲			500.00		
陈梦璟		1000.00			
黄芳芳				300.00	
李振宏				300.00	
欧阳书琪		1000.00			
陈梦雅					400.00
邓维超		500.00			
陈曼婷			500.00		
罗婉妍				300.00	
朱楚军	500.00				

任务评价

同学们，本任务的学习结束了，请你对以下内容进行评价：

评价项目	评价内容	分数	自我评分	小组评分	教师评分
任务实施（60分）	是否掌握社会保险和住房公积金计算表和个人所得税计算表的创建方法	30分			
	是否掌握运用VLOOKUP、IFERROR等函数对社会保险和住房公积金、个人所得税的计算	20分			
	是否掌握电子表格软件中自动求和、自动填充快捷键的运用	10分			
工作态度（20分）	工作积极性	5分			
	工作责任心	5分			
	工作责任感	5分			
	工作效率	5分			

续表

评价项目	评价内容	分数	自我评分	小组评分	教师评分
职业素养 （20分）	团队协作	5分			
	沟通表达	5分			
	认真严谨	10分			

素养课堂

　　薪酬管理岗位是单位的重要管理岗位，直接影响着单位与职工之间和谐共赢的关系，应具备多方面的专业能力和职业素养。

　　首先，薪酬管理人员需掌握薪酬管理相关政策规定，熟悉国家劳动法规的相关规定，坚决贯彻二十大精神，坚持人民至上，切实保障职工的合法权益。

　　其次，薪酬管理人员需掌握薪酬管理相关专业知识和技能，具备财会和税法等专业知识和技能，准确核算工资薪酬，按时依法缴纳社会保险费和个人所得税等，熟练操作报税系统和计算机办公软件等；及时关注行业动态，不断更新自己的知识和技能，以适应数字化时代的需要；具备创新精神和学习意识，积极探索新的薪酬管理模式，为企业创造更大的价值。

　　最后，良好的沟通协调能力也是薪酬管理人员必不可少的素养。在薪酬管理过程中，需要与员工、管理层、各部门等进行有效沟通，了解各方需求，协调利益关系，不仅要关注员工利益，也要维护企业整体利益，确保薪酬政策的顺利实施。

项目三

购销管理

采购管理对企业的发展有着重要的意义，科学合理且基于实际情况的采购管理，能够适当降低成本，并提升企业的综合竞争力。销售管理同样也是企业管理中非常重要的环节，市场营销工作与企业的产品开发、生产、销售、财务等工作环节协调，才能达成企业的整体经营目标，贯彻落实企业的总体经营策略。

项目目标

一、学习及评价目标

(1) 掌握采购汇总表、销售出库统计表的创建方法。

(2) 熟练掌握并运用数据有效性的使用方法。

(3) 掌握运用 MONTH 和 TODAY 和函数计算当前月份。

(4) 掌握分类汇总的使用方法。

二、素养目标

(1) 培养科技创新精神。

(2) 培养绿色消费的社会责任感。

(3) 培养节约成本的管理思维。

(4) 培养不断创新的职业素养。

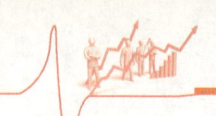

任务 1　采购信息汇总的设置

任务背景

采购部采购专员梁小强需制作一张本月采购汇总表。假设你是梁小强，请根据公司本月购进存货的数量利用 WPS 表格制作采购汇总表，如图 3-1-1 所示。

采购汇总表						
当期月份		2				
存货名称	规格	购入数量	单价	金额	订货日期	到货日期
处理器	i7-8600k(4.30GHz/9MB/4核)	15			2024-2-1	
高性能主板	Z620	32			2024-2-5	
高性能主板	Z590	45			2024-2-10	
内存卡	128G	225			2024-2-15	
固态硬盘	三星850EVO系列（4TB）	52			2024-2-18	
固态硬盘	2T普盘ST10DM010	35			2024-2-20	

图 3-1-1　采购汇总

任务分析

为了制作完成这张采购汇总表，梁小强了解到采购汇总表必须包含"存货名称""规格""购入数量""单价""金额""订货日期""到货日期"的信息。

任务 1.1　创建采购汇总表

知识点分析

一、采购汇总表的创建需要运用以下知识点

（1）设置表格边框。

（2）标题合并单元格。

二、"存货名称""规格""购入数量""单价""金额""订货日期""到货日期"的计算需要运用以下知识点

（1）MONTH 函数解析。MONTH 函数用于表示一个日期值，其中包含着要查找的月份。

（2）TODAY 函数解析。ROUND 函数用于返回当前系统的日期。

（3）数据有效性解析。数据有效性是对单元格或单元格区域输入的数据从内容到数量上的限制。对于符合条件的数据，允许输入；对于不符合条件的数据，则禁止输入。这样就可以依靠系统检查数据的正确有效性，避免错误的数据录入。

①数据有效性功能可以在尚未输入数据时，预先设置，以保证输入数据的正确性；

②不能限制已输入的不符合条件的无效数据；

③通过"圈释无效数据"功能可以对已录入的数据中不符合条件的数据做圈释标示。

任务实施

步骤01：打开"项目三（答题单据）.xlsx" Excel 文件，打开工作表"采购汇总表"，如图3-1-2 所示。

步骤02：在 A1 单元格中输入"采购汇总表"，在 A2 单元格中输入"当期月份："，如图 3-1-3 所示。

图 3-1-2　打开工作表

图 3-1-3　输入信息

步骤03：选中 B2 单元格，在 B2 单元格或编辑栏中输入公式："=MONTH(TODAY())"，如图 3-1-4 所示。

图 3-1-4　输入"当前月份"公式

【小提示】公式"=MONTH(TODAY())"，表示现在的月份。

步骤04：在 A3:G3 单元格区域中分别输入"存货名称""规格""购入数量""单价""金额""订货日期""到货日期"，如图 3-1-5 所示。

步骤05：选中 A1:G1 单元格区域，单击"开始"选项卡，在功能区中选择"合并居中"，单击"B"加粗，如图 3-1-6 所示。

图 3-1-5　输入采购汇总表表头信息

图 3-1-6　设置字体格式

步骤06：设置行高列宽。选择1到18行，鼠标右键单击，选择"行高"，输入行高为20。选择 A 到 G 列，鼠标右键单击，选择"列宽"，输入列宽25，如图 3-1-7 所示。

步骤 07：选中 A3：G18 单元格区域，单击"开始"选项卡，在功能区中选择"所有框线"。

步骤 08：选中 A3：G18 单元格区域，单击"开始"选项卡，在功能区中选择"水平居中"。

步骤 09：设置行高字号。选择 1 行，鼠标右键单击，选择"行高"，输入行高为 30；单击"开始"选项卡，在功能区中选择"字号"，在下拉列表中选择"20"，如图 3-1-8 所示。

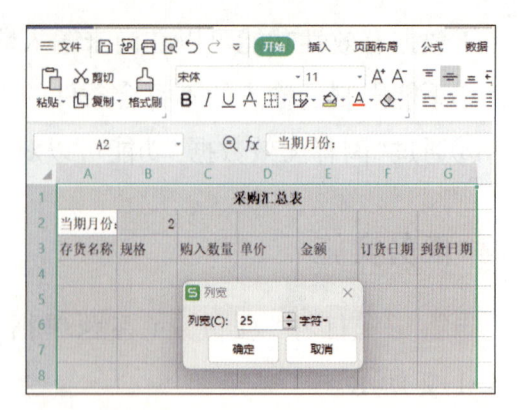

图 3-1-7 输入列宽

图 3-1-8 选择"字号"

步骤 10：选中 A4：A18 单元格区域，单击"数据"选项卡，在功能区中选择"有效性"，如图 3-1-9 所示。

图 3-1-9 选择"有效性"

步骤 11：在弹出的"数据有效性"对话框中，打开"设置"选项卡，在"允许"下拉列表中选择"序列"，在"来源"的文本框中输入"处理器,高性能主板,内存卡,固态硬盘"，如图 3-1-10 所示。

步骤 12：在弹出的"数据有效性"对话框中，打开"出错警告"选项卡，在"样式"下拉列表中选择"警告"，在"标题"的文本框中输入"存货名称"，在"错误信息"的文本框中输入"请选择存货名称"，单击"确定"按钮，如图 3-1-11 所示。

图 3-1-10　输入"来源"信息　　　　　图 3-1-11　输入"错误信息"

步骤 13：选中 B4：B18 单元格区域，单击"数据"选项卡，在功能区中选择"有效性"。

步骤 14：在弹出"数据有效性"的对话框中，打开"设置"选项卡，在"允许"下拉列表中选择"序列"，在"来源"的文本框中输入"i7-8600k（4.30GHz/9MB/4 核），i9-9900k（4.70GHz/16MB/8 核），Z590，Z620，128G，256G，三星 850EVO 系列（4TB），2T 普盘 ST10DM010"，如图 3-1-12 所示。

步骤 15：在弹出的"数据有效性"对话框中，打开"输入信息"选项卡，在"标题"的文本框中输入"存货规格"，在"输入信息"的文本框中输入"请选择存货规格"，单击"确定"按钮，如图 3-1-13 所示。

图 3-1-12　输入"来源"信息　　　　　图 3-1-13　输入信息

步骤 16：选中 C4：C18 单元格区域，单击"数据"选项卡，在功能区中选择"有效性"。

步骤 17：在弹出"数据有效性"的对话框中，打开"设置"选项卡，在"允许"下拉列表中选择"整数"，在"数据"的下拉列表中选择"大于或等于"，在"最小值"的文本框中输入"1"，单击"确定"按钮，如图 3-1-14 所示。

步骤18：在弹出"数据有效性"的对话框中，打开"出错警告"选项卡，在"样式"下拉列表中选择"停止"，在"标题"的文本框中输入"出错了"，在"错误信息"的文本框中输入"请输入数量"，单击"确定"按钮，如图3-1-15所示。

图3-1-14　允许相应格式　　　　　图3-1-15　出错警告

步骤19：选中D4：E18单元格区域，单击"开始"选项卡，在功能区中选择"数字格式"，在下拉列表中选择"数值"格式，再单击"千位分隔符"，并单击"右对齐"，如图3-1-16所示。

图3-1-16　选择"数值"格式

步骤20：选中E4单元格，在E4单元格或编辑栏中输入公式："＝C4＊D4"，如图3-1-17所示。

图3-1-17　输入"金额"公式

【小提示】公式"＝C4＊D4"，C4单元格的值乘D4单元格的值。金额＝购入数量＊单价。

步骤21：选中E4单元格，当鼠标移至E4单元格右下角，出现黑色十字时，按住鼠标左键向下拖动到E18单元格。

步骤 22：选中 F4：G18 单元格区域，单击"开始"选项卡，在功能区中选择"数字格式"，在下拉列表中选择"短日期"，如图 3-1-18 所示。

图 3-1-18　选择"短日期"格式

步骤 23：将本月采购存货的信息录入"采购汇总表"中，如图 3-1-19 所示。

当期月份：		2				
存货名称	规格	购入数量	单价	金额	订货日期	到货日期
处理器	i7-8600k(4.30GHz/9MB/4核)	15	3,000.00	45,000.00	2024-2-1	
高性能主板	Z620	32	3,500.00	112,000.00	2024-2-5	
高性能主板	Z590	45	2,850.00	128,250.00	2024-2-10	
内存卡	128G	225	90.00	20,250.00	2024-2-15	
固态硬盘	三星850EVO系列（4TB）	52	1,850.00	96,200.00	2024-2-18	
固态硬盘	2T普盘ST10DM010	35	900.00	31,500.00	2024-2-20	

图 3-1-19　录入本月采购存货的信息

步骤 24：所有采购的商品均为订货 3 天后到货。选中 G4 单元格，在 G4 单元格或编辑栏中输入公式："=F4+3"，如图 3-1-20 所示。

图 3-1-20　输入"到货日期"公式

【小提示】公式"=F4+3"，F4 单元格的值加上 3 天。

步骤 25：选中 G4 单元格，当鼠标移至 G4 单元格右下角，出现黑色十字时，按住鼠标左键向下拖动到 G9 单元格。

最终结果如图 3-1-21 所示。

当期月份：		2				
存货名称	规格	购入数量	单价	金额	订货日期	到货日期
处理器	i7-8600k(4.30GHz/9MB/4核)	15	3,000.00	45,000.00	2024-2-1	2024-2-4
高性能主板	Z620	32	3,500.00	112,000.00	2024-2-5	2024-2-8
高性能主板	Z590	45	2,850.00	128,250.00	2024-2-10	2024-2-13
内存卡	128G	225	90.00	20,250.00	2024-2-15	2024-2-18
固态硬盘	三星850EVO系列（4TB）	52	1,850.00	96,200.00	2024-2-18	2024-2-21
固态硬盘	2T普盘ST10DM010	35	900.00	31,500.00	2024-2-20	2024-2-23

图 3-1-21　诚品信息科技有限公司采购汇总表

任务实训

打开"项目三（答题单据）.xlsx"Excel 文件，找到对应工作表，完成以下操作：

练习：请制作一张友安食品有限公司的采购汇总表样式，样式如图 3-1-22 所示：

采购汇总表						
当期月份：	2				
存货名称	单位	购入数量	单价	金额	订货日期
牛扎糖	箱	200	280.00	56,000.00	2024-2-5
夹心糖	包	400	125.00	50,000.00	2024-2-10
话梅糖	箱	400	328.00	131,200.00	2024-2-12
棉花糖	包	500	90.00	45,000.00	2024-2-20
酸奶糖	袋	100	350.00	35,000.00	2024-2-22
酒芯巧克力	箱	1200	500.00	600,000.00	2024-2-25

图 3-1-22　友安食品有限公司采购汇总表样式

任务评价

同学们，本任务的学习结束了，请你对以下内容进行评价：

评价项目	评价内容	分数	自我评分	小组评分	教师评分
任务实施（60 分）	是否掌握采购汇总表的创建方法	30 分			
	是否掌握数据有效性的使用方法	30 分			
工作态度（20 分）	工作积极性	5 分			
	工作责任心	5 分			
	工作责任感	5 分			
	工作效率	5 分			
职业素养（20 分）	团队协作	5 分			
	沟通表达	5 分			
	认真严谨	10 分			

任务 2　销售出库信息汇总的设置

任务背景

销售部销售专员王小明需制作一张本月销售出库统计表。假设你是王小明，请根据公司本月销售商品的数量利用 WPS 表格制作销售出库统计表，如图 3-2-1 所示。

销售出库统计表

出库单编号	出库日期	库别	客户名称	产品名称	销售数量	销售单价	销售金额	出库月份
AS0000001	2024-1-1	成品库	广州市易华电子信息有限公司	台式电脑1	100			
AS0000002	2024-1-3	材料库	东莞市圆杰信息有限公司	内存卡	30			
AS0000003	2024-1-3	成品库	东莞市圆杰信息有限公司	台式电脑2	50			
AS0000004	2024-1-5	成品库	广州市亿发电子科技有限公司	台式电脑1	60			
AS0000005	2024-1-5	材料库	广州市亿发电子科技有限公司	固态硬盘	22			
AS0000006	2024-1-10	成品库	东莞市冠月信息科技有限公司	台式电脑1	71			
AS0000007	2024-1-10	成品库	东莞市冠月信息科技有限公司	鼠标	90			
AS0000008	2024-1-12	成品库	东莞市冠月信息科技有限公司	台式电脑2	100			
AS0000009	2024-1-15	成品库	广州市亿发电子科技有限公司	台式电脑1	100			
AS0000010	2024-1-15	成品库	东莞市圆杰信息有限公司	台式电脑1	28			
AS0000011	2024-1-20	成品库	东莞市冠月信息科技有限公司	台式电脑1	58			
AS0000012	2024-1-21	成品库	广州市亿发电子科技有限公司	台式电脑2	28			
AS0000013	2024-1-25	成品库	东莞市冠月信息科技有限公司	鼠标	800			
AS0000014	2024-2-1	材料库	东莞市圆杰信息有限公司	固态硬盘	20			
AS0000015	2024-2-5	周转材料仓	东莞市圆杰信息有限公司	包装箱	3000			
AS0000016	2024-2-6	材料库	广州市亿发电子科技有限公司	高性能主板	20			
AS0000017	2024-2-8	成品库	广州市亿发电子科技有限公司	鼠标	752			
AS0000018	2024-2-10	成品库	广州市易华电子信息有限公司	台式电脑2	20			
AS0000019	2024-2-18	成品库	东莞市冠月信息科技有限公司	台式电脑2	20			
AS0000020	2024-2-19	成品库	东莞市冠月信息科技有限公司	台式电脑1	60			
AS0000021	2024-2-19	成品库	广州市亿发电子科技有限公司	台式电脑2	63			
AS0000022	2024-2-20	成品库	东莞市圆杰信息有限公司	台式电脑1	10			
AS0000023	2024-2-22	材料库	东莞市冠月信息科技有限公司	固态硬盘	87			

图 3-2-1 销售出库统计表

任务分析

为了制作完成这张销售出库统计表，王小明了解到销售出库统计表必须包含"出库单编号""出库日期""库别""客户名称""产品名称""销售数量""销售单价""销售金额""出库月份"信息。

本次任务共分为两个子任务：①创建销售出库统计表；②按仓库出库分类汇总。

任务 2.1　创建销售出库统计表

知识点分析

一、销售出库统计表的创建需要运用以下知识点

（1）设置表格边框。

（2）标题跨列合并单元格。

二、"出库单编号""出库日期""库别""客户名称""产品名称""销售数量""销售单价""销售金额""出库月份"的计算需要运用以下知识点

（1）数据有效性解析。数据有效性是对单元格或单元格区域输入的数据从内容到数量上的限制。对符合条件的数据，允许输入；对不符合条件的数据，则禁止输入。这样就可以依靠系统检查数据的正确有效性，避免错误的数据录入。

①数据有效性功能可以在尚未输入数据时，预先设置，以保证输入数据的正确性；

②不能限制已输入的不符合条件的无效数据；

创建销售出库统计表

③通过"圈释无效数据"功能可以对已录入的数据中不符合条件的数据做圈释标示。

（2）TODAY 函数解析。TODAY 函数用于返回当前系统的日期。

任务实施

步骤 01：打开"项目三（答题单据）.xlsx"Excel 文件，打开工作表"销售出库统计表"，如图 3-2-2 所示。

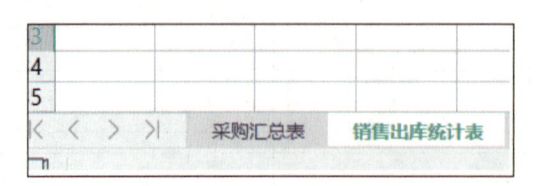

图 3-2-2　打开工作表

步骤 02：在 A1 单元格中输入"销售出库统计表"。

步骤 03：在 A2：I2 单元格区域中分别输入"出库单编号""出库日期""库别""客户名称""产品名称""销售数量""销售单价""销售金额""出库月份"，如图 3-2-3 所示。

图 3-2-3　输入销售出库统计表表头信息

步骤 04：选中 A1：I1 单元格区域，单击"开始"选项卡，在功能区中选择"合并居中"下拉框，选择"跨列居中"，如图 3-2-4 所示，再单击"B"加粗单元格中的文字。

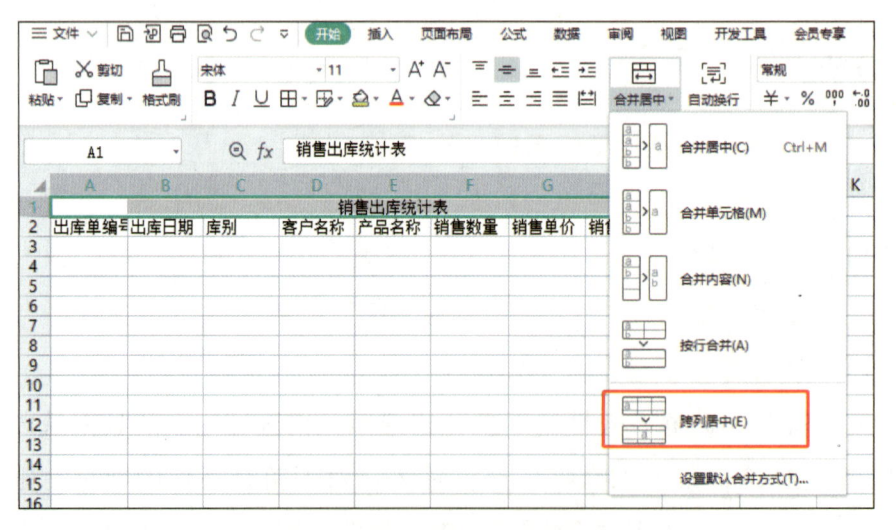

图 3-2-4　选择"跨列居中"

步骤 05：设置行高列宽。选择 1 到 25 行，鼠标右键单击，选择"行高"，输入行高为 20；选择 A 到 I 列，鼠标右键单击，选择"列宽"，输入列宽为 15，如图 3-2-5 所示。

步骤 06：选中 A2：I25 单元格区域，单击"开始"选项卡，在功能区中选择"所有框线"。

图 3-2-5　输入列宽

步骤 07：选中 A2：I25 单元格区域，单击"开始"选项卡，在功能区中选择"水平居中"。

步骤 08：设置行高列宽。选择第 1 行，鼠标右键单击，选择"行高"，输入行高为 30；选择 D 列，鼠标右键单击，选择"列宽"，输入列宽 30。

步骤 09：设置字体字号。选择 A1 单元格，单击"开始"选项卡，在功能区中选择"字体"，选择"楷体"，如图 3-2-6 所示；单击"开始"选项卡，在功能区中选择"字号"，选择"20"。

图 3-2-6　选择"楷体"字体

步骤 10：选中 C3：C25 单元格区域，单击"数据"选项卡，在功能区中选择"有效性"，如图 3-2-7 所示。

图 3-2-7　选择"有效性"

步骤 11：在弹出"数据有效性"的对话框中，打开"设置"选项卡，在"允许"下拉列表中选择"序列"，在"来源"的文本框中输入"成品仓,材料仓,周转材料仓"，如图 3-2-8 所示。

步骤 12：在弹出"数据有效性"的对话框中，打开"出错警告"选项卡，在"样式"下拉列表中选择"警告"，在"标题"的文本框中输入"仓库名称"，在"错误信息"的文本框中输入"请选择仓库名称"，单击"确定"按钮，如图 3-2-9 所示。

图 3-2-8　输入"来源"信息　　　　　图 3-2-9　输入"错误信息"

步骤 13：选中 D3：D25 单元格区域，单击"数据"选项卡，在功能区中选择"有效性"。

步骤 14：在弹出"数据有效性"的对话框中，打开"设置"选项卡，在"允许"下拉列表中选择"序列"，在"来源"的文本框中输入"东莞市圆杰信息有限公司,东莞市冠月信息科技有限公司,广州市亿发电子科技有限公司,广州市易华电子信息有限公司"，如图 3-2-10 所示。

步骤 15：在弹出"数据有效性"的对话框中，打开"输入信息"选项卡，在"标题"的文本框中输入"客户名称"，在"输入信息"的文本框中输入"请选择客户名称"，单击"确定"按钮，如图 3-2-11 所示。

图 3-2-10　输入"来源"信息　　　　　图 3-2-11　输入信息

步骤 16：选中 E3：E25 单元格区域，单击"数据"选项卡，在功能区中选择"有效性"。

步骤 17：在弹出"数据有效性"的对话框中，打开"设置"选项卡，在"允许"下拉列表中选

择"序列",在"来源"的文本框中输入"鼠标,台式电脑1,台式电脑2,处理器,高性能主板,内存卡,固态硬盘,包装箱,尼龙绳",如图3-2-12所示。

步骤18：在弹出"数据有效性"的对话框中,打开"输入信息"选项卡,在"标题"的文本框中输入"产品名称",在"输入信息"的文本框中输入"请选择产品名称",单击"确定"按钮,如图3-2-13所示。

图3-2-12 输入"来源"信息

图3-2-13 输入信息

步骤19：选中F3:F25单元格区域,单击"数据"选项卡,在功能区中选择"有效性"。

步骤20：在弹出"数据有效性"的对话框中,打开"设置"选项卡,在"允许"下拉列表中选择"整数",在"数据"的下拉列表中选择"大于",在"最小值"的文本框中输入"5",单击"确定"按钮,如图3-2-14所示。

步骤21：在弹出"数据有效性"的对话框中,打开"出错警告"选项卡,在"样式"下拉列表中选择"信息",在"标题"的文本框中输入"出错了",在"错误信息"的文本框中输入"请输入数量",单击"确定"按钮,如图3-2-15所示。

图3-2-14 允许相应格式

图3-2-15 输入"错误信息"

步骤22：选中G3:H25单元格区域,单击"开始"选项卡,在功能区中选择"数字格式",

选择"数值"格式，再单击"千位分隔符"，并单击"右对齐"，如图 3-2-16 所示。

图 3-2-16　选择"数值"格式

步骤 23：选中 H3 单元格，在 H3 单元格或编辑栏中输入公式："＝F3＊G3"，如图 3-2-17 所示。

图 3-2-17　输入"销售金额"公式

【小提示】公式"＝F3＊G3"，F3 单元格乘 G3 单元格的值。销售金额＝销售数量＊销售单价。

步骤 24：选中 H3 单元格，当鼠标移至 H3 单元格右下角，出现黑色十字时，按住鼠标左键向下拖动到 H25 单元格。

步骤 25：选中 I3 单元格，在 I3 单元格或编辑栏中输入公式："＝MONTH（B3）"，如图 3-2-18 所示。

图 3-2-18　输入"出库月份"公式

【小提示】公式"＝MONTH（B3）"，表示取 B3 单元格的月份的值。

步骤 26：选中 I3 单元格，当鼠标移至 I3 单元格右下角，出现黑色十字时，按住鼠标左键向下拖动到 I25 单元格。

项目三　购销管理

步骤 27：在销售出库统计表中输入销售信息。

最终结果如图 3-2-19 所示。

出库单编号	出库日期	库别	客户名称	产品名称	销售数量	销售单价	销售金额	出库月份
AS0000001	2024-1-1	成品库	广州市易华电子信息有限公司	台式电脑1	100	5,250.00	525,000.00	1
AS0000002	2024-1-3	材料库	东莞市圆杰信息有限公司	内存卡	30	120.00	3,600.00	1
AS0000003	2024-1-3	成品库	东莞市圆杰信息有限公司	台式电脑2	50	5,460.00	273,000.00	1
AS0000004	2024-1-5	成品库	广州市亿发电子科技有限公司	台式电脑1	60	5,250.00	315,000.00	1
AS0000005	2024-1-5	材料库	广州市亿发电子科技有限公司	固态硬盘	22	268.00	5,896.00	1
AS0000006	2024-1-10	成品库	东莞市冠月信息科技有限公司	台式电脑1	71	5,230.00	371,330.00	1
AS0000007	2024-1-10	成品库	东莞市圆杰信息有限公司	鼠标	80	72.00	5,760.00	1
AS0000008	2024-1-12	成品库	东莞市冠月信息科技有限公司	台式电脑2	100	5,510.00	551,000.00	1
AS0000009	2024-1-15	成品库	广州市亿发电子科技有限公司	台式电脑1	100	5,230.00	523,000.00	1
AS0000010	2024-1-15	成品库	东莞市圆杰信息有限公司	台式电脑1	28	5,230.00	146,440.00	1
AS0000011	2024-1-20	成品库	东莞市冠月信息科技有限公司	台式电脑1	58	5,230.00	303,340.00	1
AS0000012	2024-1-21	成品库	广州市亿发电子科技有限公司	台式电脑2	28	5,852.00	163,856.00	1
AS0000013	2024-1-25	成品库	东莞市冠月信息科技有限公司	鼠标	800	70.00	56,000.00	1
AS0000014	2024-2-1	材料库	东莞市圆杰信息有限公司	固态硬盘	20	260.00	5,200.00	2
AS0000015	2024-2-5	周转材料仓	东莞市圆杰信息有限公司	包装箱	3000	0.50	1,500.00	2
AS0000016	2024-2-6	材料库	广州市亿发电子科技有限公司	高性能主板	20	1,200.00	24,000.00	2
AS0000017	2024-2-8	成品库	广州市亿发电子科技有限公司	鼠标	752	70.00	52,640.00	2
AS0000018	2024-2-10	成品库	广州市易华电子信息有限公司	台式电脑1	20	5,250.00	105,000.00	2
AS0000019	2024-2-18	成品库	东莞市冠月信息科技有限公司	台式电脑2	20	5,800.00	116,000.00	2
AS0000020	2024-2-19	成品库	东莞市冠月信息科技有限公司	台式电脑1	60	5,300.00	318,000.00	2
AS0000021	2024-2-19	成品库	广州市亿发电子科技有限公司	台式电脑2	63	5,820.00	366,660.00	2
AS0000022	2024-2-20	成品库	东莞市圆杰信息有限公司	台式电脑2	10	5,825.00	58,250.00	2
AS0000023	2024-2-22	材料库	东莞市冠月信息科技有限公司	固态硬盘	87	250.00	21,750.00	2

图 3-2-19　诚品信息科技有限公司销售出库统计表

任务 2.2　按仓库出库分类汇总

知识点分析

分类汇总解析

对所有资料分类进行汇总：把资料进行数据化后，先按照某一标准进行分类，然后在分完类的基础上对各类别相关数据分别进行求和、求平均数、求个数、求最大值、求最小值等方法的汇总。

按仓库出库
分类汇总

任务实施

步骤 01：选中 C 列，单击"开始"选项卡，在功能区中选择"排序"下拉框，选择"升序"，如图 3-2-20 所示。

图 3-2-20　选择"升序"排序

79

步骤 02：在弹出"排序警告"的对话框中，选择"扩展选定区域"选项卡，单击"确定"按钮，如图 3-2-21 所示。

步骤 03：选中 A2：I25 单元格区域，单击"数据"选项卡，在功能区中选择"分类汇总"，如图 3-2-22 所示。

步骤 04：在"分类字段"下拉列表中选择"库别"，在"汇总方式"下拉列表中选择"求和"，在"选定汇总项"中选择"销售数量"和"销售金额"，单击"确定"按钮，如图 3-2-23 所示。

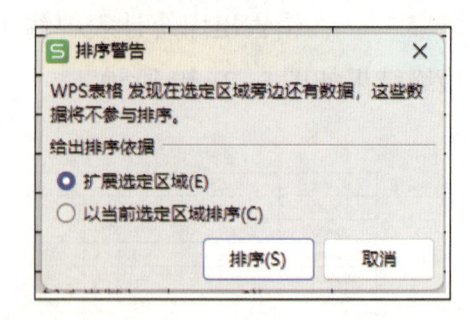

图 3-2-21　选择"扩展选定区域"选项卡

图 3-2-22　选择"分类汇总"

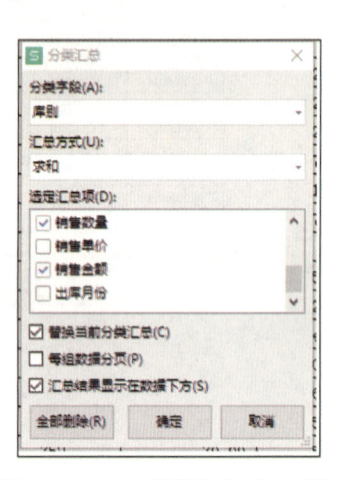

图 3-2-23　选择"分类字段"

最终结果如图 3-2-24 所示。

出库单编号	出库日期	库别	客户名称	产品名称	销售数量	销售单价	销售金额	出库月份
AS0000002	2024-1-3	材料库	东莞市圆杰信息有限公司	内存卡	30	120.00	3,600.00	1
AS0000005	2024-1-5	材料库	广州市亿发电子科技有限公司	固态硬盘	22	268.00	5,896.00	1
AS0000014	2024-2-1	材料库	东莞市圆杰信息有限公司	固态硬盘	20	260.00	5,200.00	2
AS0000016	2024-2-6	材料库	广州市亿发电子科技有限公司	高性能主板	20	1,200.00	24,000.00	2
AS0000023	2024-2-22	材料库	东莞市冠月信息科技有限公司	固态硬盘	87	250.00	21,750.00	2
		材料库 汇总			179		60,446.00	
AS0000001	2024-1-1	成品库	广州市易华电子信息有限公司	台式电脑1	100	5,250.00	525,000.00	1
AS0000003	2024-1-3	成品库	东莞市圆杰信息有限公司	台式电脑2	50	5,460.00	273,000.00	1
AS0000004	2024-1-5	成品库	广州市亿发电子科技有限公司	台式电脑1	60	5,250.00	315,000.00	1
AS0000006	2024-1-10	成品库	东莞市冠月信息科技有限公司	台式电脑1	71	5,230.00	371,330.00	1
AS0000007	2024-1-10	成品库	东莞市圆杰信息有限公司	鼠标	80	72.00	5,760.00	1
AS0000008	2024-1-12	成品库	东莞市冠月信息科技有限公司	台式电脑2	100	5,510.00	551,000.00	1
AS0000009	2024-1-15	成品库	广州市亿发电子科技有限公司	台式电脑1	100	5,230.00	523,000.00	1
AS0000010	2024-1-15	成品库	东莞市圆杰信息有限公司	台式电脑1	28	5,230.00	146,440.00	1
AS0000011	2024-1-20	成品库	东莞市冠月信息科技有限公司	台式电脑1	58	5,230.00	303,340.00	1
AS0000012	2024-1-21	成品库	广州市亿发电子科技有限公司	台式电脑2	28	5,852.00	163,856.00	1
AS0000013	2024-1-25	成品库	东莞市冠月信息科技有限公司	鼠标	800	70.00	56,000.00	1
AS0000017	2024-2-8	成品库	广州市亿发电子科技有限公司	鼠标	752	70.00	52,640.00	2
AS0000018	2024-2-10	成品库	广州市易华电子信息有限公司	台式电脑1	20	5,250.00	105,000.00	2
AS0000019	2024-2-18	成品库	东莞市冠月信息科技有限公司	台式电脑2	20	5,800.00	116,000.00	2
AS0000020	2024-2-19	成品库	东莞市冠月信息科技有限公司	台式电脑1	60	5,300.00	318,000.00	2
AS0000021	2024-2-19	成品库	广州市亿发电子科技有限公司	台式电脑1	63	5,820.00	366,660.00	2
AS0000022	2024-2-20	成品库	东莞市圆杰信息有限公司	台式电脑1	10	5,825.00	58,250.00	2
		成品库 汇总			2400		4,250,276.00	
AS0000015	2024-2-5	周转材料仓	东莞市圆杰信息有限公司	包装箱	3000	0.50	1,500.00	2
		周转材料仓 汇总			3000		1,500.00	
		总计			5579		4,312,222.00	

图 3-2-24　诚品信息科技有限公司销售出库统计表（仓库汇总）

任务实训

打开"项目三(答题单据).xlsx"Excel 文件，找到对应工作表，完成以下操作：

练习 01：请制作一张友安食品有限公司的销售出库统计表，样式如图 3-2-25 所示。

销售出库统计表

出库单编号	出库日期	库别	客户名称	产品名称	销售数量	销售单价	销售金额	出库月份
ASD100001	2024-2-1	食品库	肇庆市圆杰商店	牛扎糖	300	525.00	157,500.00	2
ASD100002	2024-2-5	食品库	肇庆市易华超市	酒芯巧克力	580	1020.00	591,600.00	2
ASD100003	2024-2-10	食品库	肇庆市易华超市	夹心糖	80	506.00	40,480.00	2
ASD100004	2024-2-10	食品库	广州市壹月百货公司	酒芯巧克力	505	1020.00	515,100.00	2
ASD100005	2024-2-13	食品库	广州市壹月百货公司	夹心糖	200	506.00	101,200.00	2
ASD100006	2024-2-20	食品库	肇庆市圆杰商店	牛扎糖	120	525.00	63,000.00	2
ASD100007	2024-2-25	食品库	广州市壹月百货公司	酒芯巧克力	353	1018.00	359,354.00	2
ASD100008	2024-2-25	食品库	东莞市冠月百货公司	棉花糖	100	357.00	35,700.00	2

图 3-2-25　友安食品有限公司销售出库统计表

练习 02：在销售出库统计表中统计出每一款产品的销售数量和金额，样式如图 3-2-26 所示。

销售出库统计表

出库单编号	出库日期	库别	客户名称	产品名称	销售数量	销售单价	销售金额	出库月份
ASD100003	2024-2-10	食品库	肇庆市易华超市	夹心糖	80	506.00	40,480.00	2
ASD100005	2024-2-13	食品库	广州市壹月百货公司	夹心糖	200	506.00	101,200.00	2
				夹心糖 汇总	280		141,680.00	
ASD100002	2024-2-5	食品库	肇庆市易华超市	酒芯巧克力	580	1020.00	591,600.00	2
ASD100004	2024-2-10	食品库	广州市壹月百货公司	酒芯巧克力	505	1020.00	515,100.00	2
ASD100007	2024-2-25	食品库	广州市壹月百货公司	酒芯巧克力	353	1018.00	359,354.00	2
				酒芯巧克力 汇总	1438		1,466,054.00	
ASD100008	2024-2-25	食品库	东莞市冠月百货公司	棉花糖	100	357.00	35,700.00	2
				棉花糖 汇总	100		35,700.00	
ASD100001	2024-2-1	食品库	肇庆市圆杰商店	牛扎糖	300	525.00	157,500.00	2
ASD100006	2024-2-20	食品库	肇庆市圆杰商店	牛扎糖	120	525.00	63,000.00	2
				牛扎糖 汇总	420		220,500.00	
				总计	2238		1,863,934.00	

图 3-2-26　友安食品有限公司销售出库统计表(产品汇总)

任务评价

同学们，本任务的学习结束了，请你对以下内容进行评价：

评价项目	评价内容	分数	自我评分	小组评分	教师评分
任务实施（60分）	是否掌握销售出库统计表的设置单元格的方法	30分			
	是否掌握分类汇总的使用方法	30分			
工作态度（20分）	工作积极性	5分			
	工作责任心	5分			
	工作责任感	5分			
	工作效率	5分			

续表

评价项目	评价内容	分数	自我评分	小组评分	教师评分
职业素养（20分）	团队协作	5分			
	沟通表达	5分			
	认真严谨	10分			

素养课堂

　　购销管理岗位是确保企业商品流通顺畅、降低成本、提高效益的关键环节，应具备多方面的专业能力和职业素养，才能为企业创造更大的价值。

　　首先，购销管理人员应时刻关注国家政策和法律法规的动态。在党的二十大强调高质量发展的背景下，购销管理人员应具备敏锐的市场洞察力，能够准确把握市场趋势，为企业制定合理的购销策略；熟悉与购销业务相关的政策，确保企业的购销活动合规合法。

　　其次，数据分析能力在购销管理中至关重要。管理人员应熟练运用数据分析工具，对购销数据进行分析，为决策提供数据支持；企业还需要不断创新，以此来适应市场变化，运用现代信息技术对销售数据进行分析，准确把握客户需求，为决策提供科学依据；具备创新思维，不断探索新的购销模式和策略，提高购销效率，降低成本，为企业创造更大的价值。

　　最后，诚信经营是企业的核心价值观之一。购销管理人员应具备高度的诚信和道德品质，能够遵守商业道德和法律法规，确保购销活动的公平、公正，维护企业声誉。

项目四

库存管理

库存管理是生产、计划和控制的基础，通过对仓库、货位等账务管理及入/出库类型、入/出库单据的管理，及时反映各种物资的仓储、流向情况，为生产管理和成本核算提供依据。通过库存分析，为管理及决策人员提供库存资金占用情况、物资积压情况、短缺/超储情况、ABC分类情况等不同的统计分析信息。通过对批号的跟踪，实现专批专管，保证质量跟踪的贯通。

项目目标

一、学习及评价目标

(1) 掌握库存统计汇总表和库存情况分析图的创建方法。

(2) 掌握较大单元格区域的选取方法。

(3) 掌握运用IF、IFERROR、VLOOKUP、COLUMN和SUMIF函数计算库存的本期采购数量和金额，本期销售数量和金额等。

(4) 掌握指定名称和插入图表的使用方法。

二、素养目标

(1) 培养不断引入科学管理手段的创新精神。

(2) 培养学无止境的技能提升意识。

(3) 培养杜绝浪费的环保理念。

任务　库存统计

任务背景

仓储部仓管员方艺需制作一张本月库存统计汇总表。假设你是方艺，请根据公司本月购入及发出商品的数量金额利用 WPS 表格制作库存统计汇总表，如图 4-1-1 所示。

存货名称	期初结存 数量	期初结存 金额	本期购入 数量	本期购入 金额	本期发出 数量	本期发出 金额	期末结存 数量	期末结存 金额
处理器	20	59,000.00						
高性能主板	50	174,750.00						
内存卡	586	70,120.00						
固态硬盘	32	58,400.00						
台式电脑1	812	4,222,400.00						
台式电脑2	536	3,108,800.00						
鼠标	2225	133,680.00						
包装箱	3500	1,750.00						

图 4-1-1　库存统计汇总表

任务分析

为了制作完成这张库存统计汇总表，方艺了解到库存统计汇总表必须包含"存货名称""期初结存数量""期初结存金额""本期购入数量""本期购入金额""本期发出数量""本期发出金额""期末结存数量""期末结存金额"信息。

本次任务共分为两个子任务：①创建库存统计汇总表；②库存情况分析。

任务 1.1　创建库存统计汇总表

知识点分析

一、库存统计汇总表的创建需要运用以下知识点

（1）设置表格边框。

（2）标题合并单元格。

二、"本期购入数量""本期购入金额""本期发出数量"和"本期发出金额"的计算需要运用以下知识点

（1）IFERROR 函数解析。IFERROR 函数表示判断某些内容的正确与否，正确则返回正确结果，错误则返回需要显示的信息。ROUND 函数有两个参数，语法 = IFERROR（条件成立时显示的内容，不成立时显示的内容）。

84

（2）VLOOKUP 函数解析。VLOOKUP 函数是用于在数据表中进行垂直查找的函数。在表格或数值数组的首列查找指定的数值，并由此返回表格或数组当前行中指定列的数值。VLOOKUP 函数有四个参数，语法=VLOOKUP（要查找的值，要查找的区域，返回数据在查找的区域的列数，近似匹配/精确匹配）。

（3）COLUMN 函数解析。COLUMN 函数是返回引用的单元格所在的列号。

（4）SUMIF 函数解析。SUMIF 函数是用来根据指定条件对若干单元格进行求和（即按条件求和）。SUMIF 函数有三个参数，语法=SUMIF（条件区域，求和条件，实际求和区域），第二个求和条件参数在第一个条件区域里。

三、指定名称的作用

指定名称是一个很好用的技巧，我们可以为一个区域、变量，或者数组定义一个名称。后续要经常使用的话，直接引用即可，无须再次定位。这是复用的概念。

创建库存统计汇总表

任务实施

步骤 01：打开"项目四（答题单据）.xlsx"Excel 文件，打开工作表"库存统计汇总表"，如图 4-1-2 所示。

步骤 02：在"库存统计汇总表"工作表中选中 A2：A3 单元格区域，单击"开始"选项卡，在功能区中选择"合并居中"，如图 4-1-3 所示。

按上述方法分别将 B2：C2、D2：E2、F2：G2、H2：I2 进行合并。

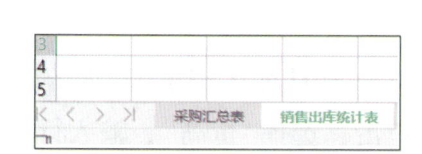

图 4-1-2　打开工作表

图 4-1-3　选择"合并居中"

步骤 03：在 A1 单元格中输入"库存统计汇总表"，在 A2：H2 单元格中分别输入"存货名称""期初结存""本期购入""本期发出""期末结存"。在 B3：C3 单元格、D3：E3 单元格、F3：G3 单元格和 H3：I3 单元格中分别输入"数量""金额"，如图 4-1-4 所示。

图 4-1-4　输入库存统计汇总表表头信息

步骤 04：选中 A1：I1 单元格区域，单击"开始"选项卡，在功能区中选择"合并居中"，单击"B"加粗，如图 4-1-5 所示。

图 4-1-5 选择"合并居中"

步骤 05：设置行高列宽。选择 1~25 行，鼠标右键单击，在弹出的菜单中选择"行高"，输入行高为 20。选择 A~L 列，鼠标右键，单击"列宽"，输入列宽 20，如图 4-1-6 所示。

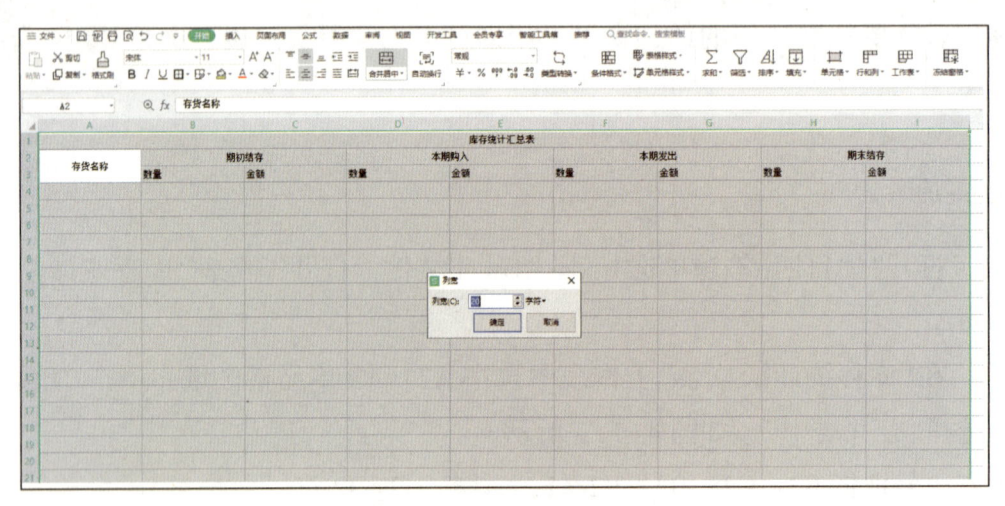

图 4-1-6 选择"列宽"

步骤 06：选中 A2：I25 单元格区域，单击"开始"选项卡，在功能区中单击"所有框线"，再单击"粗匣框线"。

步骤 07：选中 A2：I25 单元格区域，单击"开始"选项卡，在功能区中单击"水平居中"。

步骤 08：设置第一行行高字号。选择 1 行，鼠标右键单击，选择"行高"，输入行高为 30。选择 A1 单元格，单击"开始"选项卡，在功能区中单击"字号"，选择 18。

步骤 09：按住"Ctrl"键，同时选择 C、E、G、I 列，单击"开始"选项卡，在功能区中选择"数字格式"，选择"数值"格式，如图 4-1-7 所示。

图 4-1-7 选择"数值"格式

项目四　库存管理

步骤 10：按住"Ctrl"键，同时选择 C4：C25、E4：E25、G4：G25 和 I4：I25 单元格区域，单击"开始"选项卡，单击"千位分隔符"，再在功能区中单击"右对齐"，如图 4-1-8 所示。

图 4-1-8　选择"右对齐"

步骤 11：在 A4：A11 单元格区域中输入存货名称。在 B4：B11 单元格区域中输入期初结存数量。在 C4：C11 单元格区域中输入期初结存金额，如图 4-1-9 所示。

步骤 12：选中 D4 单元格，在 D4 单元格或编辑栏中输入公式："=IFERROR(VLOOKUP(A4，采购汇总表!$A$4：$G$7，3，0)，0)"，如图 4-1-10 所示。

图 4-1-9　输入存货名称

图 4-1-10　输入"本期购入数量"公式

【小提示】公式"=IFERROR(VLOOKUP(A4，采购汇总表!$A$4：$G$7，3，0)，0)"，表示在"采购汇总表"的 A4：G7 单元格区域第三列的数据中查找符合 A4 单元格的数据，如果找不到数据，就返回 0。

步骤 13：选中 D4 单元格，当鼠标移至 D4 单元格右下角，出现黑色十字时，按住鼠标左键向下拖动到 D11 单元格。

步骤 14：选中 E4 单元格，在 E4 单元格或编辑栏中输入公式："=IFERROR(VLOOKUP(A4，采购汇总表!$A$4：$G$7，COLUMN(采购汇总表!E4)，0)，0)"，如图 4-1-11 所示。

图 4-1-11　输入"本期购入金额"公式

87

【小提示】公式"=IFERROR(VLOOKUP(A4，采购汇总表！$A$4：$G$7，COLUMN(采购汇总表！E4)，0)，0)"，表示在"采购汇总表"的A4：G7单元格区域，对应"采购汇总表"中E4单元格列的数据中查找符合A4单元格的数据，如果找不到数据，就返回0。

步骤15：选中E4单元格，当鼠标移至E4单元格右下角，出现黑色十字时，按住鼠标左键向下拖动到E11单元格。

步骤16：打开"销售出库统计表"工作表中，选择A2：I25单元格区域，单击"公式"选项卡，在功能区中选择"指定名称"，如图4-1-12所示。

图4-1-12 选择"指定名称"

步骤17：指定名称创建于首行。在弹出的"指定名称"的窗口中取消"最左列"选框，如图4-1-13所示。

【小提示】为表格每列指定名称，方便后续使用。

步骤18：选中F4单元格，在F4单元格或编辑栏中输入公式："=SUMIF(销售出库统计表！$E$3：$E$25，A11，销售出库统计表！$F$3：$F$25)"，如图4-1-14所示。

图4-1-13 取消"最左列"选框　　图4-1-14 输入"本期发出数量"公式

【小提示】公式"=SUMIF(销售出库统计表！$E$3：$E$25，A11，销售出库统计表！$F$3：$F$25)"，表示在"销售出库统计表"的E3：E25单元格区域中查找符合A11单元格条件的数据，在"销售出库统计表"的F3：F25单元格区域进行求和。

步骤19：选中F4单元格，当鼠标移至F4单元格右下角，出现黑色十字时，按住鼠标左键向下拖动到F11单元格。

步骤20：选中G4单元格，在G4单元格或编辑栏中输入公式："=SUMIF(产品名称,A4,销售金额)"，如图4-1-15所示。

图4-1-15　输入"本期发出金额"公式

【小提示】公式"=SUMIF(产品名称,A4,销售金额)"，表示在产品名称区域中查找符合A4单元格条件的数据，在销售金额区域进行求和。

步骤21：选中G4单元格，当鼠标移至G4单元格右下角，出现黑色十字时，按住鼠标左键向下拖动到G11单元格。

步骤22：选中H4单元格，在H4单元格或编辑栏中输入公式："=B4+D4-F4"，如图4-1-16所示。

图4-1-16　输入"期末结存数量"公式

【小提示】公式"=B4+D4-F4"，表示B4单元格的值加上D4单元格的值再减去F4单元格的值，期末结存数量=期初结存的数量加上本期购进的数量减去本期发出的数量。

步骤23：选中H4单元格，当鼠标移至H4单元格右下角，出现黑色十字时，按住鼠标左键向下拖动到H11单元格。

步骤24：选中I4单元格，在I4单元格或编辑栏中输入公式："=C4+E4-G4"，如图4-1-17所示。

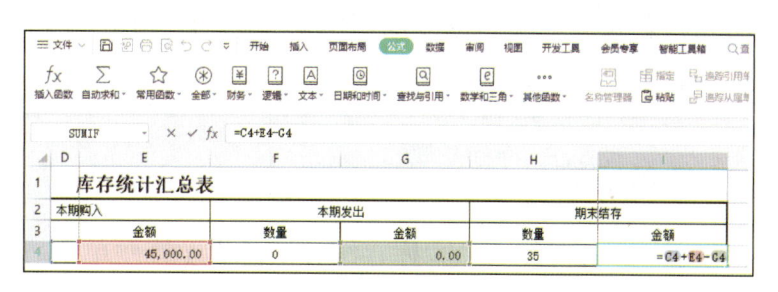

图4-1-17　输入"期末结存金额"公式

【小提示】 公式"＝C4+E4-G4"，表示 C4 单元格的值加上 E4 单元格的值再减去 G4 单元格的值，期末结存金额＝期初结存的金额加上本期购进的金额减去本期发出的金额。

步骤 25： 选中 I4 单元格，当鼠标移至 I4 单元格右下角，出现黑色十字时，按住鼠标左键向下拖动到 I11 单元格。

最终结果如图 4-1-18 所示。

存货名称	期初结存 数量	期初结存 金额	本期购入 数量	本期购入 金额	本期发出 数量	本期发出 金额	期末结存 数量	期末结存 金额
处理器	20	59,000.00	15	45,000.00	0	0.00	35	104,000.00
高性能主板	50	174,750.00	32	112,000.00	20	24,000.00	62	262,750.00
内存卡	586	70,120.00	225	27,000.00	30	3,600.00	781	93,520.00
固态硬盘	32	58,400.00	205	379,250.00	129	32,846.00	108	404,804.00
台式电脑1	812	4,222,400.00	0	0.00	497	2,607,110.00	315	1,615,290.00
台式电脑2	536	3,108,800.00	0	0.00	271	1,528,766.00	265	1,580,034.00
鼠标	2225	133,680.00	0	0.00	1632	114,400.00	593	19,280.00
包装箱	3500	1,750.00	0	0.00	3000	1,500.00	500	250.00

图 4-1-18　诚品信息科技有限公司库存统计汇总表

任务 1.2　库存情况分析

知识点分析

Excel 图表

我们生活的这个世界是丰富多彩的，几乎所有的知识都来自视觉。也许无法记住一连串的数字，以及它们之间的关系和趋势，但是可以很轻松地记住一幅图画或者一个曲线。因此使用图表会使用 Excel 编制的工作表更易于理解和交流。

当基于工作表选定区域建立图表时，Microsoft Excel 使用来自工作表的值，并将其当作数据点在图表上显示。数据点用条形、线条、柱形、切片、点及其他形状表示。这些形状称作数据标示。

建立了图表后，我们可以通过增加图表项，如数据标记、图例、标题、文字、趋势线、误差线及网格线来美化图表及强调某些信息。大多数图表项可被移动或调整大小。我们也可以用图案、颜色、对齐、字体及其他格式属性来设置这些图表项的格式。

库存情况分析

任务实施

步骤 01： 打开已有的"库存统计汇总表（答题单据）.xlsx"。

步骤 02： 在"库存统计汇总表"工作表中，按住"Ctrl"键，同时选择 A4：A11、B4：B11 和 H4：H11 单元格区域，如图 4-1-19 所示。

项目四　库存管理

图 4-1-19　选择单元格区域

步骤 03：单击"插入"选项卡，在功能区中选择"插入柱形图"，插入二位簇状柱形图，如图 4-1-20 所示。

图 4-1-20　选择"插入柱形图"

步骤 04：单击"图表工具"选项卡，在功能区中单击"选择数据"，如图 4-1-21 所示。

图 4-1-21　单击"选择数据"

步骤 05：在弹出的"编辑数据源"的窗口中，选择"系列 1"，单击"编辑"，如图 4-1-22 所示。

步骤 06：在弹出的"编辑数据系列"的窗口中，修改系列名称为"期初数据"，单击"确定"按钮，如图 4-1-23 所示。

91

图 4-1-22　编辑数据源

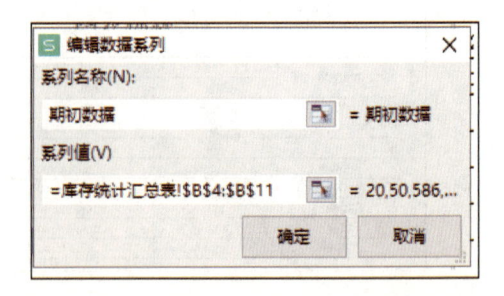

图 4-1-23　修改系列名称为"期初数据"

步骤 07：单击"图表工具"选项卡，在功能区中单击"选择数据"。在弹出的"编辑数据源"的窗口中，选择"系列2"，单击"编辑"；修改系列名称为"期末数据"，单击"确定"按钮，如图 4-1-24 所示。

步骤 08：单击图表，再单击"图表标题"，修改图表标题为"库存情况分析"，如图 4-1-25 所示。

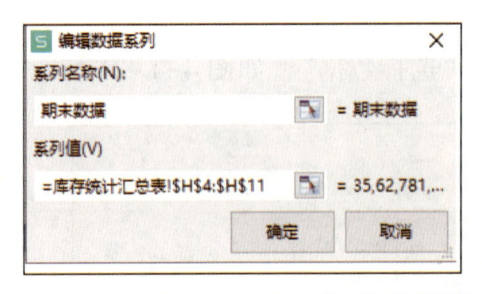

图 4-1-24　修改系列名称为"期末数据"

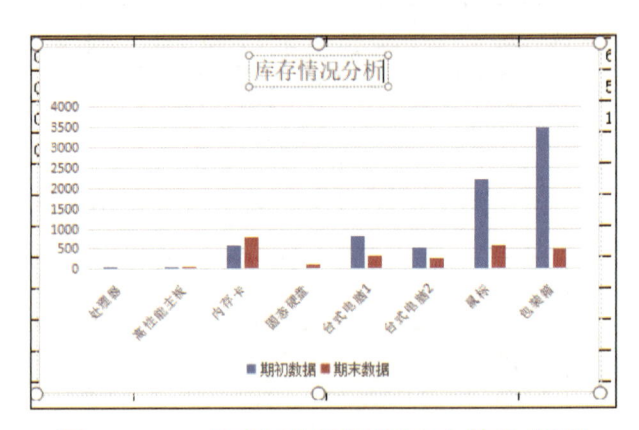

图 4-1-25　修改图表标题为"库存情况分析"

步骤 09：单击图表，再单击"图表元素"，如图 4-1-26 所示。

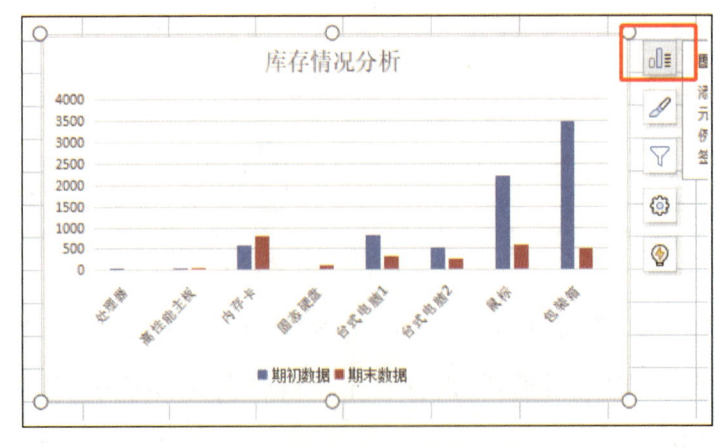

图 4-1-26　单击"图表元素"

92

步骤10：单击"数据表",再单击"显示图例项标示",如图4-1-27所示。

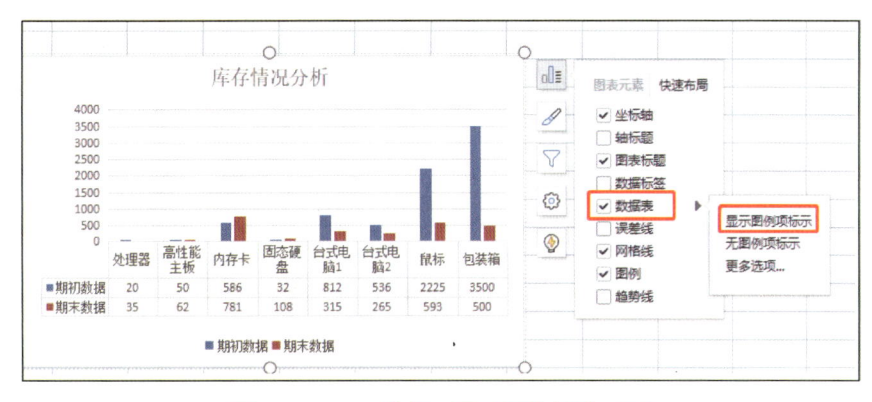

图4-1-27 选择"显示图例项标示"

步骤11：单击"图表工具"选项卡,在功能区中单击"图表元素",选择图表元素为"垂直(值)轴",如图4-1-28所示。

图4-1-28 选择"垂直(值)轴"

步骤12：在弹出的"属性"对话框中,修改坐标轴的最大值为3500(如果"属性"对话框没有弹出,单击"设置格式"即可),如图4-1-29所示。

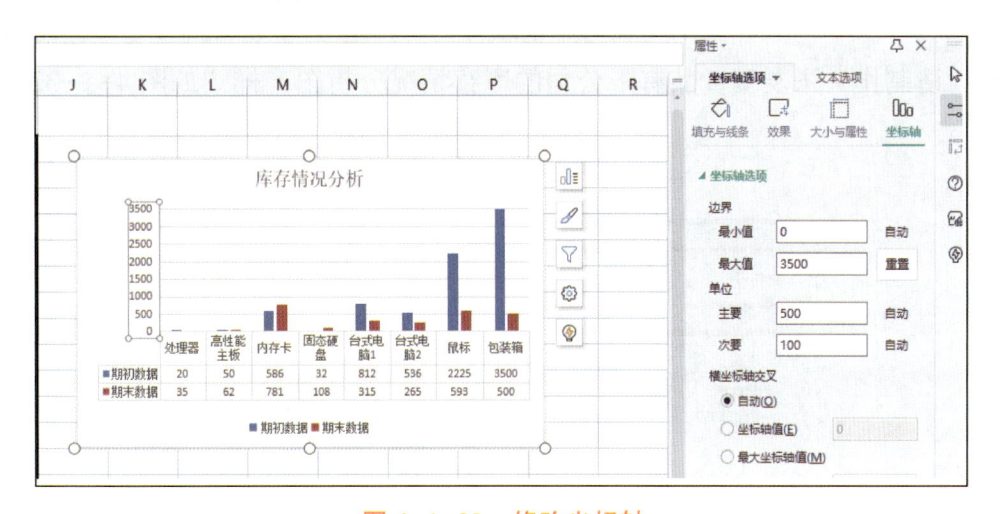

图4-1-29 修改坐标轴

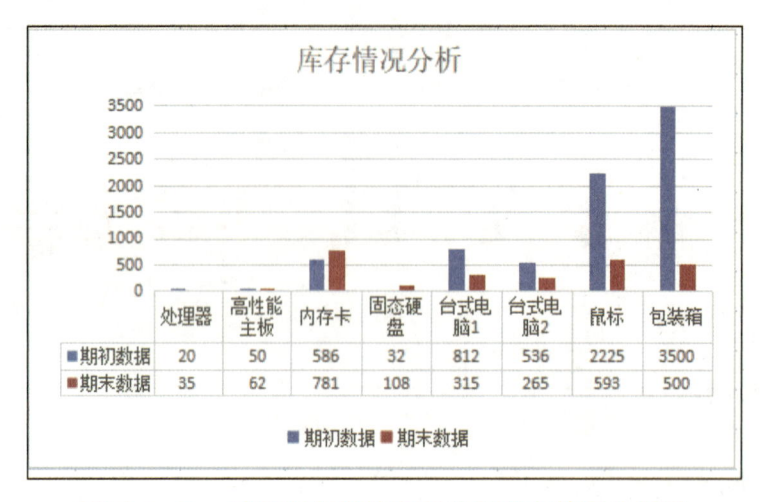

最终结果如图 4-1-30 所示。

图 4-1-30　诚品信息科技有限公司库存情况分析图

任务实训

打开"项目四-练习(答题单据).xlsx"Excel 文件，找到对应工作表，完成以下操作：

练习 01：请制作一张友安食品有限公司的库存统计汇总表，样式如图 4-1-31 所示。

存货名称	期初结存 数量	期初结存 金额	本期购入 数量	本期购入 金额	本期发出 数量	本期发出 金额	期末结存 数量	期末结存 金额
牛扎糖	200	56,000.00	2200	616,000.00	708	198,240.00	1692	473,760.00
夹心糖	524	131,000.00	2500	625,000.00	280	70,000.00	2744	686,000.00
话梅糖	586	105,480.00	600	108,000.00	810	145,800.00	376	67,680.00
棉花糖	120	18,000.00	7000	1,050,000.00	193	28,950.00	6927	1,039,050.00
酸奶糖	560	112,000.00	6032	1,206,400.00	2270	454,000.00	4322	864,400.00
酒芯巧克力	210	105,000.00	3200	1,600,000.00	2338	1,169,000.00	1072	536,000.00
包装箱	0	0.00	25300	5,060.00	6000	1,200.00	19300	3,860.00
尼龙绳	0	0.00	25530	2,553.00	10000	1,000.00	15530	1,553.00

图 4-1-31　友安食品有限公司库存统计汇总表样式

练习 02：请制作一张友安食品有限公司的库存情况分析图，样式如图 4-1-32 所示。

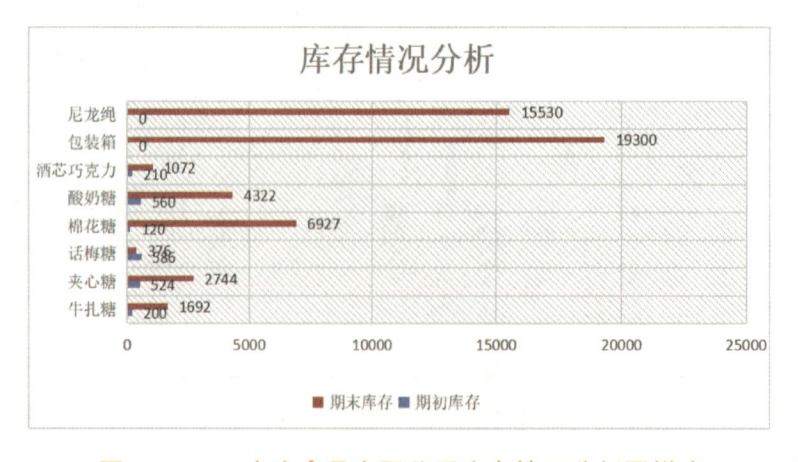

图 4-1-32　友安食品有限公司库存情况分析图样式

任务评价

同学们，本任务的学习结束了，请你对以下内容进行评价：

评价项目	评价内容	分数	自我评分	小组评分	教师评分
任务实施（60分）	是否掌握库存统计汇总表和库存情况分析图的创建方法	30分			
	是否掌握运用 IF、IFERROR、VLOOKUP、COLUMN 和 SUMIF 函数计算库存的本期采购数量和金额，本期销售数量和金额等方法	20分			
	是否掌握指定名称和插入图表的使用方法	10分			
工作态度（20分）	工作积极性	5分			
	工作责任心	5分			
	工作责任感	5分			
	工作效率	5分			
职业素养（20分）	团队协作	5分			
	沟通表达	5分			
	认真严谨	10分			

素养课堂

库存管理岗位是确保企业库存合理、降低库存成本、提高库存周转率的关键职位，应具备多方面的专业能力和职业素养，才能为企业提供更好的服务。

首先，战略眼光与市场敏感度。了解市场趋势，根据企业战略和市场需求，制订合理的库存计划；同时，具备强烈的数据敏感度，能够运用现代信息技术对库存数据进行分析，为库存决策提供科学依据。

其次，创新精神与学习能力。库存管理人员应响应党的二十大号召，坚持守正创新，积极探索新的库存管理模式和技术，提高库存管理效率；同时，保持持续学习的态度，关注行业动态和技术发展，学习先进的库存管理理念和技术，不断优化库存管理体系。

最后，具备风险预判与应对能力。库存管理人员应具备风险管理意识，制定合理的库存计划，确保库存水平与实际需求相匹配，避免过度或缺货情况；对库存管理过程中可能出现的风险进行预判、评估和控制，制定相应的防范措施，快速响应突发情况，降低库存风险对企业的影响。

项目五

应收账款管理

应收账款管理是财务管理的一个重要组成部分，企业应加强应收账款的日常管理工作，采取有力措施进行分析、控制，根据企业的实际经营情况和客户的信誉情况，制定合理的信用政策，及时发现问题，提前采取对策。

项目目标

一、学习及评价目标
(1) 掌握应收账款账龄分析表的创建方法。
(2) 掌握运用 IF、AND、COUNTIF 函数计算库存的账龄分析和人数等。
(3) 掌握条件格式和删除重复项的使用方法。

二、素养目标
(1) 培养科技创新的财务管理思维。
(2) 培养防患于未然的职业素养。
(3) 培养谨慎负责的主人翁责任感。

项目五 应收账款管理

任务 应收账款统计分析

任务背景

财务部会计孙小楠需创建一张应收账款账龄分析表。假设你是孙小楠，请根据公司的应收账款管理制度利用 WPS 表格制作应收账款账龄分析表，如图 5-1-1 所示。

应收账款账龄分析表
2024-1-31

往来单位	应收金额	交易日期	账龄0-30天	账龄31-60天	账龄61-90天	账龄90天以上
长发公司	80,985.00	2023-10-12				
诚实公司	85,176.00	2023-12-28				
中天公司	178,318.00	2023-11-7				
中城公司	144,304.00	2023-11-16				
英达公司	119,107.00	2024-1-9				
英利公司	190,401.00	2023-11-10				
伟捷公司	68,940.00	2024-1-13				
为民公司	82,287.00	2023-11-15				
平民商场	166,719.00	2023-10-29				
利华超市	110,821.00	2023-12-10				
利民超市	11,261.00	2023-12-27				
诚实公司	138,034.00	2024-1-21				
华扬超市	69,200.00	2023-9-19				
长发公司	35,632.00	2023-12-20				
华容超市	117,172.00	2023-11-21				
英达公司	60,777.00	2023-12-26				
长发公司	140,175.00	2023-12-19				
诚实公司	105,906.00	2023-6-27				
中天公司	18,450.00	2023-11-9				
中城公司	21,200.00	2023-12-6				

图 5-1-1 应收账款账龄分析表

任务分析

为了制作完成这张应收账款账龄分析表，孙小楠了解到应收账款账龄分析表必须包含"往来单位""应收金额""交易日期""账龄 0-30 天""账龄 31-60 天""账龄 61-90 天""账龄 90 天以上"信息。

本次任务共分为三个子任务：①创建应收账款账龄分析表；②应收账款逾期处理；③创建应收账款账龄数据透视图。

任务 1.1 创建应收账款账龄分析表

知识点分析

一、应收账款账龄分析表的创建需要运用以下知识点

（1）设置表格边框。

（2）标题合并单元格。

97

二、"账龄0-30天""账龄31-60天""账龄61-90天""账龄90天以上"和"措施"的计算需要运用以下知识点

（1）IF函数解析。IF函数用于判断条件的真假，是一个逻辑函数，IF函数有三个参数，语法=IF(条件判断,结果为真返回值,结果为假返回值)。

（2）AND函数解析。AND函数，它是一个逻辑函数，AND函数可以用来对多个条件进行判断，当所有的条件都满足时返回"TURE"，只要有条件不满足时就返回"FALSE"。

（3）COUNTIF函数解析。COUNTIF函数是一个比较常用的统计函数，用于统计满足某个条件的单元格的数量。COUNTIF函数有两个参数，语法=COUNTIF(查找区域,查找条件)。

创建应收账款
账龄分析表

任务实施

步骤01：打开"项目五(答题单据).xlsx"Excel文件，打开工作表"应收账款账龄分析表"，如图5-1-2所示。

步骤02：在A1单元格中输入"应收账款账龄分析表"，在A2单元格中输入"2024-1-31"。

步骤03：在A3：G3单元格区域中分别输入"往来单位""应收金额""交易日期""账龄0-30天""账龄31-60天""账龄61-90天""账龄90天以上"，如图5-1-3所示。

图5-1-2 打开工作表

步骤04：按住"Ctrl"键，同时选中A1：G1单元格区域和A2：G2单元格区域，单击"开始"选项卡，单击功能区"合并居中"，再单击"B"加粗，如图5-1-4所示。

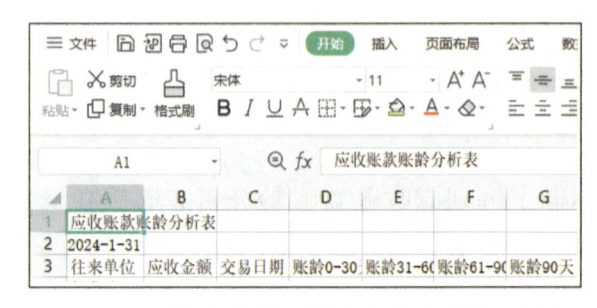

图5-1-3 输入应收账款账龄分析表表头信息

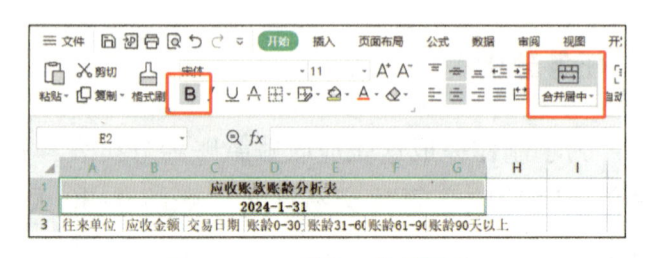

图5-1-4 选择"合并居中"

步骤05：设置行高列宽。选择1~23行，鼠标右键单击，选择"行高"，输入行高为20。选择A到G列，鼠标右键单击，选择"列宽"，输入列宽为15，如图5-1-5所示。

步骤06：选中A3：G23单元格区域，单击"开始"选项卡，再单击"所有框线"功能区。

步骤07：选中A3：G23单元格区域，单击"开始"选项卡，再单击"水平居中"功能区。

步骤08：设置第一行行高字号。选择1行，鼠标右键单击，选择"行高"，输入行高为30。选择A1单元格，单击"开始"选项卡，再单击"字号"功能区，选择18。

步骤09：按住"Ctrl"键，同时选择B、D、E、F、G列，鼠标右键单击，选择"设置单元格格式",如图 5-1-6 所示。

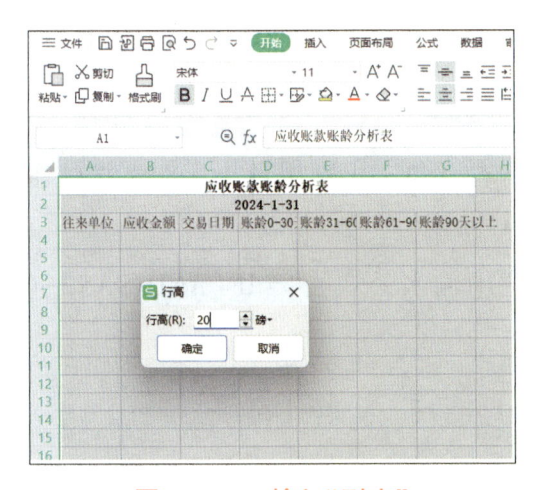

图 5-1-5　输入"列宽"

图 5-1-6　单击"设置单元格格式"

步骤 10：在弹出"单元格格式"对话框中，打开"数字"选项卡，在"分类"列表中选择"数值"，勾选"使用千位分隔符"，在"负数"区域中选择"-1,234.10"，单击"确定"按钮，如图 5-1-7 所示。

步骤 11：选择 C 列，单击"开始"选项卡，再单击"数字格式"功能区，选择"短日期"，如图 5-1-8 所示。

图 5-1-7　选择"数值"格式

图 5-1-8　选择"短日期"格式

步骤 12：在 A4：A23 单元格区域中输入"往来单位"数据。在 B4：B23 单元格区域中输入"应收金额"数据。在 C4：C23 单元格区域中输入"交易日期"数据。

步骤 13：选中 D4 单元格，在 D4 单元格或编辑栏中输入公式："＝IF（AND（＄A＄2－C4＞＝0，＄A＄2－C4＜31），B4，""）"，如图 5-1-9 所示。

图 5-1-9　输入"账龄 0-30 天"公式

【小提示】公式"=IF(AND($A$2-C4>=0,$A$2-C4<31),B4,"")",表示如果同时满足A2单元格减去C4单元格大于或等于0和A2单元格减去C4单元格小于31这两个条件的,就返回B4单元格,否则返回空值。

步骤14:选中D4单元格,当鼠标移至D4单元格右下角,出现黑色十字时,按住鼠标左键向下拖动到D23单元格。

步骤15:选中E4单元格,在E4单元格或编辑栏中输入公式:"=IF(AND($A$2-C4>=31,$A$2-C4<61),B4,"")",如图5-1-10所示。

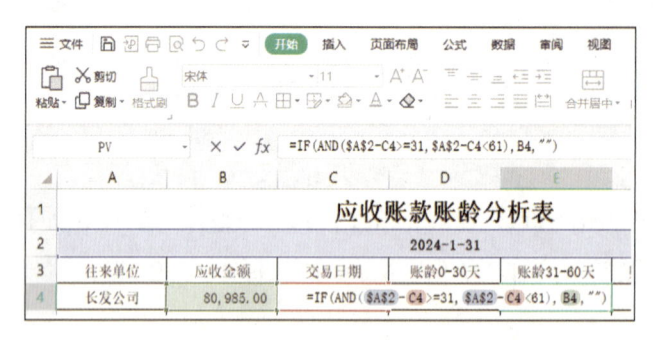

图5-1-10 输入"账龄31-60天"公式

【小提示】公式"=IF(AND($A$2-C4>=31,$A$2-C4<61),B4,"")",表示如果同时满足A2单元格减去C4单元格大于或等于31和A2单元格减去C4单元格小于61这两个条件的,就返回B4单元格,否则返回空值。

步骤16:选中E4单元格,当鼠标移至E4单元格右下角,出现黑色十字时,按住鼠标左键向下拖动到E23单元格。

步骤17:选中F4单元格,在F4单元格或编辑栏中输入公式:"=IF(AND($A$2-C4>=61,$A$2-C4<91),B4,"")",如图5-1-11所示。

图5-1-11 输入"账龄61-90天"公式

【小提示】公式"=IF(AND($A$2-C4>=61,$A$2-C4<91),B4,"")",表示如果同时满足A2单元格减去C4单元格大于或等于61和A2单元格减去C4单元格小于91这两个条件的,就返回B4单元格,否则返回空值。

步骤 18：选中 F4 单元格，当鼠标移至 F4 单元格右下角，出现黑色十字时，按住鼠标左键向下拖动到 F23 单元格。

步骤 19：选中 G4 单元格，在 G4 单元格或编辑栏中输入公式："=IF($A$2-C4>90,B4,"")"，如图 5-1-12 所示。

图 5-1-12　输入"账龄 90 天以上"公式

【小提示】公式"=IF($A$2-C4>90，B4,"")"，表示如果 A2 单元格减去 C4 单元格大于 90，就返回 B4 单元格，否则返回空值。

步骤 20：选中 G4 单元格，当鼠标移至 G4 单元格右下角，出现黑色十字时，按住鼠标左键向下拖动到 G23 单元格。

最终结果如图 5-1-13 所示。

应收账款账龄分析表
2024-1-31

往来单位	应收金额	交易日期	账龄0-30天	账龄31-60天	账龄61-90天	账龄90天以上
长发公司	80,985.00	2023-10-12				80,985.00
诚实公司	85,176.00	2023-12-28		85,176.00		
中天公司	178,318.00	2023-11-7			178,318.00	
中域公司	144,304.00	2023-11-16			144,304.00	
英达公司	119,107.00	2024-1-9	119,107.00			
英利公司	190,401.00	2023-11-10			190,401.00	
伟捷公司	68,940.00	2024-1-13	68,940.00			
为民公司	82,287.00	2023-11-15			82,287.00	
平民商场	166,719.00	2023-10-29				166,719.00
利华公司	110,821.00	2023-12-10		110,821.00		
利民超市	11,261.00	2023-12-27		11,261.00		
诚实公司	138,034.00	2024-1-21	138,034.00			
华扬超市	69,200.00	2023-9-19				69,200.00
长发公司	35,632.00	2023-12-20		35,632.00		
华容超市	117,172.00	2023-11-21			117,172.00	
英达公司	60,777.00	2023-12-26		60,777.00		
长发公司	140,175.00	2023-12-19		140,175.00		
诚实公司	105,906.00	2023-6-27				105,906.00
中天公司	18,450.00	2023-11-9			18,450.00	
中域公司	21,200.00	2023-12-6		21,200.00		

图 5-1-13　诚品信息科技有限公司应收账款账龄分析表

任务 1.2　应收账款逾期处理

知识点分析

条件格式的作用

条件格式是指满足特定条件的单元格填充格式，在使用条件格式前，首先需要我们明确判断的条件，再进行填充格式的设置。条件格式一般用于表格数据的突出以及表格的美化。

应收账款逾期处理

任务实施

步骤 01：在 H3 单元格输入"措施"。选择 H 列，鼠标右键单击，选择"列宽"，输入列宽 15。

步骤 02：选中 H3：G23 单元格区域，单击"开始"选项卡，单击"所有框线"，再单击"水平居中"功能区，如图 5-1-14 所示。

图 5-1-14　选择"所有框线"

步骤 03：选中 H4 单元格，在 H4 单元格或编辑栏中输入公式："=IF($A$2-C4<31,"短信催讨",IF($A$2-C4<61,"电话催讨",IF($A$2-C4<91,"发函催讨","上门催讨")))"，如图 5-1-15 所示。

图 5-1-15　输入"措施"公式

【小提示】公式"＝IF(\$A\$2-C4<31,"短信催讨",IF(\$A\$2-C4<61,"电话催讨",IF(\$A\$2-C4<91,"发函催讨","上门催讨")))"，表示如果A2单元格的值减去C4单元格的值小于31的，就短信催讨，如果A2单元格的值减去C4单元格的值小于61的，就电话催讨，如果A2单元格的值减去C4单元格的值小于91的，就发函催讨，否则就上门催讨。

步骤04： 选中H4单元格，当鼠标移至H4单元格右下角，出现黑色十字时，按住鼠标左键向下拖动到H23单元格。

步骤05： 选择H4：H23单元格区域，单击"开始"选项卡，再单击"条件格式"功能区。

步骤06： 选择"突出显示单元格规则"，再选择"等于"，如图5-1-16所示。

图5-1-16　选择"突出显示单元格规则"

步骤07： 在弹出的"等于"对话框中，在"为等于以下值的单元格设置格式"的文本框中输入"上门催讨"，在"设置为"下拉列表中选择"浅红填充色深红色文本"，单击"确定"按钮，如图5-1-17所示。

图5-1-17　设置文本格式

步骤08： 选择H4：H23单元格区域，按"Ctrl"+"C"组合键(复制的快捷键)，鼠标再单击J4单元格，鼠标右键单击，选择"粘贴为数值"，如图5-1-18所示。

图5-1-18　粘贴单元格区域

步骤 09：选择 J4：J23 单元格区域。单击"数据"选项卡，再单击"重复项"功能区，选择"删除重复项"，如图 5-1-19 所示。

图 5-1-19　删除重复项

步骤 10：在弹出的"删除重复项"对话框中，单击"删除重复项"按钮，如图 5-1-20 所示。

步骤 11：在 J3 单元格中输入"措施"，在 K3 单元格中输入"数量"。

步骤 12：选中 J3：K7 单元格区域，单击"开始"选项卡，单击功能区"水平居中"，再单击"所有框线"，如图 5-1-21 所示。

图 5-1-20　弹出"删除重复项"对话框

图 5-1-21　选择"所有框线"

步骤 13：选中 K4 单元格，在 K4 单元格或编辑栏中输入公式："＝COUNTIF($H$4：$H$23，J4)"，如图 5-1-22 所示。

图 5-1-22　输入"措施数量"公式

【小提示】公式"＝COUNTIF($H$4：$H$23，J4)"，表示统计 H4：H23 单元格区域中查找符合 J4 单元格的个数。

步骤 14：选中 K4 单元格，当鼠标移至 K4 单元格右下角，出现黑色十字时，按住鼠标左键向下拖动到 K7 单元格。

最终结果如图 5-1-23 所示。

图 5-1-23 诚品信息科技有限公司应收账款逾期处理

任务 1.3 创建应收账款账龄数据透视图

知识点分析

为什么要使用数据透视图？

图表与数据相比的最大优势就是直观，可以很快地进行数据比对，形成概念性的印象，但是容易忽略数据具体数值的差异。

透视可以将大量无序的数据变成分析性较强的数据图，非常直观，尤其适合年度、小组间、不同类型间销售等数据的分析对比。

创建应收账款账龄数据透视图

任务实施

步骤 01：选择 A3：H23 单元格区域，单击"插入"选项卡，单击功能区"数据透视图"，如图 5-1-24 所示。

图 5-1-24 选择"数据透视图"

步骤 02：在弹出的"创建数据透视图"对话框中，在"请选择放置数据透视表的位置"中选择"现有工作表"，如图 5-1-25 所示。

步骤 03：在右侧的"字段列表"中，将"往来单位"字段放置于"筛选器"区域，将"账龄 0-30 天"字段、"账龄 31-60 天"字段、"账龄 61-90 天"字段和"账龄 90 天以上"字段放置于"值"区域，如图 5-1-26 所示。

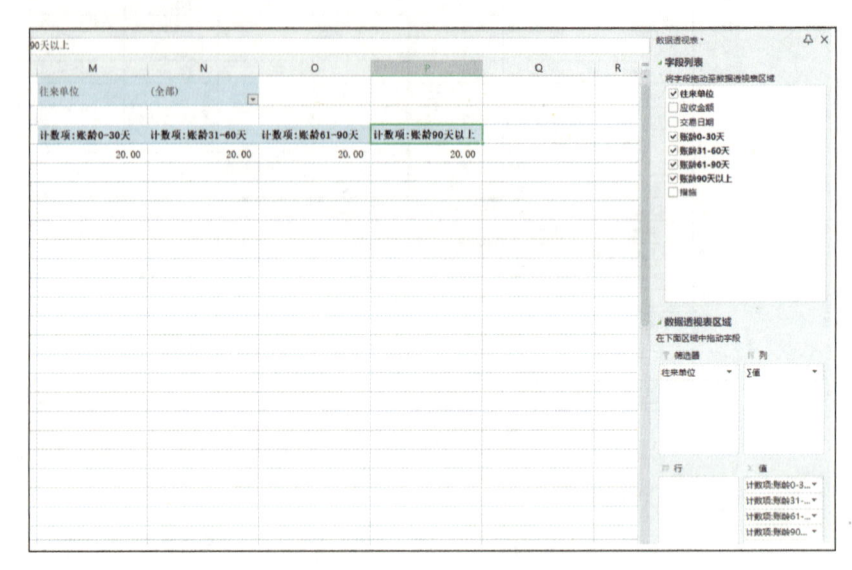

图 5-1-25　放置数据透视表　　　　图 5-1-26　选择字段

步骤 04：双击 M3 单元格，如图 5-1-27 所示。

步骤 05：在弹出的"值字段设置"对话框中，在"值汇总方式"选项卡下，在"值字段汇总方式"下拉列表中选择"求和"，如图 5-1-28 所示。

步骤 06：N3 单元格、O3 单元格、P3 单元格的设置方式如上所述。

步骤 07：选择 M4：P4 单元格区域，鼠标右键单击，选择"设置单元格格式"，如图 5-1-29 所示。

图 5-1-28　值字段设置　　　　图 5-1-29　选择"设置单元格格式"

步骤08：在弹出的"单元格格式"对话框中，打开"数字"选项卡，在"分类"列表中选择"数值"，勾选"使用千位分隔符"，在"负数"区域中选择"-1,234.10"，单击"确定"按钮，如图5-1-30所示。

最终结果如图5-1-31所示。

图5-1-30　选择"数值"格式

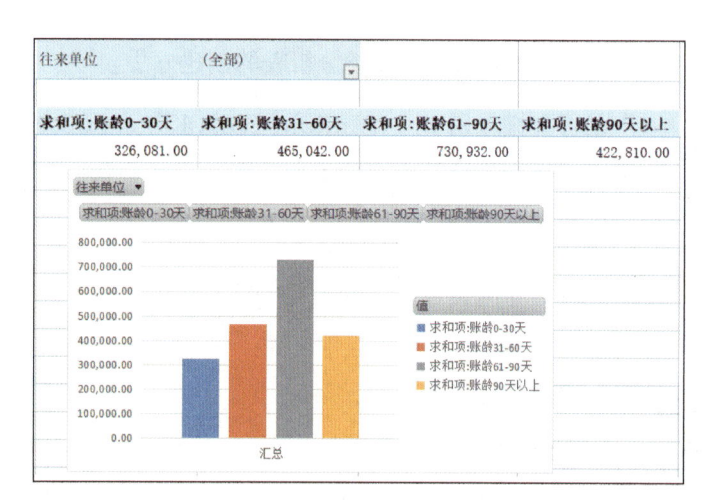

图5-1-31　诚品信息科技有限公司应收账款账龄数据透视图

任务实训

打开"项目五(答题单据).xlsx"Excel文件，找到对应工作表，完成以下操作：

练习01：请制作一张友安食品有限公司应收账款账龄分析表，样式如图5-1-32所示。

图5-1-32　友安食品有限公司应收账款账龄分析表

练习02：请制作一张友安食品有限公司的应收账款逾期金额统计表，样式如图5-1-33所示。

图5-1-33　友安食品有限公司应收账款逾期金额统计表

任务评价

同学们，本任务的学习结束了，请你对以下内容进行评价：

评价项目	评价内容	分数	自我评分	小组评分	教师评分
任务实施 （60分）	是否掌握应收账款账龄分析表的创建方法	30分			
	是否掌握运用 IF、IFERROR、VLOOKUP、COLUMN 和 SUMIF 函数计算库存的本期采购数量和金额，本期销售数量和金额等方法	20分			
	是否掌握指定名称和插入图表的使用方法	10分			
工作态度 （20分）	工作积极性	5分			
	工作责任心	5分			
	工作责任感	5分			
	工作效率	5分			
职业素养 （20分）	团队协作	5分			
	沟通表达	5分			
	认真严谨	10分			

素养课堂

　　应收账款管理岗位的核心价值在于维护企业现金流的稳定、提升客户满意度和忠诚度，以及降低企业风险，具备多方面的专业能力和职业素养，更好地实现经营目标和发展战略。

　　首先，责任心与执行力。应收账款管理对于企业的现金流和经济效益具有重要影响，管理人员应具备强烈的责任心，确保应收账款及时回收和管理；严格执行应收账款的账龄分析、催收和坏账处理等内控措施，确保操作的规范性和准确性。

　　其次，风险管理意识。应收账款管理人员应具备风险管理意识，制定合理的信用政策和风险控制措施，降低应收账款的坏账风险；根据企业的战略目标、市场环境和客户群体等因素综合考虑，设定合理的信用期限、信用额度和折扣政策等，并动态调整信用政策。

　　最后，创新精神与学习能力。随着市场竞争和客户需求的变化，应收账款管理面临新的挑战和机遇，管理人员应具备创新精神，积极探索新的管理模式和技术，提高应收账款管理的效率；同时，保持持续学习的态度，不断提升运用数据分析工具分析数据的专业能力。

项目六

固定资产管理

固定资产是企业为生产产品、提供劳务、出租或者经营管理而持有的、使用寿命超过一个会计期间的有形资产。由于固定资产的核算和管理非常复杂、烦琐，造成了固定资产难以管理的现状。固定资产在企业资产总额中占有相当大的比例，是企业进行经营活动的物质基础。因此，对固定资产的核算管理是非常重要的工作。

项目目标

一、学习及评价目标

（1）掌握固定资产验收单、固定资产报废申请书和固定资产折旧计算统计表的创建方法。

（2）掌握固定资产验收单和固定资产报废申请书的设置单元格的方法。

（3）掌握电子表格软件的基本功能。

（4）掌握运用IF、ROUND、YEAR、MONTH和SLN函数计算固定资产的是否需要计提、残值、截至当前日期所经历的月份、平均年限法计算折旧等。

二、素养目标

（1）培养账实相符的职业素养。

（2）培养确保企业财产安全完整的主人翁意识。

（3）培养严格审批的内部控制管理理念。

（4）培养严谨客观的工作作风。

任务 1　固定资产的增加

任务背景

某日，资产管理部门李军根据生产部生产需求采购一台生产设备，财务部会计孙小楠按照公司的固定资产管理制度，制作固定资产验收单，如图6-1-1所示。

固定资产验收单							
编号：								
名称	规格型号	来源	数量	购（造）价	使用年限	预计残值
安装费	月折旧率	建造单位		交工日期		附件
验收部门	验收人员		管理部门		管理人员	
备注						
					审核：	制单：	

图 6-1-1　固定资产验收单

任务分析

为了制作完成这张固定资产验收单，孙小楠了解到固定资产验收单必须包含"名称""规格型号""来源""数量""购（造）价""使用年限""预计残值""安装费""月折旧率""建造单位""交工日期""附件"的信息，还需包括"验收部门""验收人员""管理部门""管理人员""备注""审核"和"制单"的信息。

任务 1.1　创建固定资产验收单

知识点分析

一、固定资产验收单的创建需要运用以下知识点

(1) 设置表格边框。
(2) 标题及相关内容合并单元格。
(3) 文本对齐。
(4) 特殊格式设置。

二、要求运用的电子表格软件的基本功能

字体设置、合并单元格、打印预览、合并单元格、单元格内换行。

创建固定资产验收单

项目六　固定资产管理

任务实施

步骤01：打开"项目六（答题单据）.xlsx"Excel文件，打开工作表"固定资产验收单"，如图6-1-2所示。

图6-1-2　打开工作表

步骤02：选中A1：J1单元格区域，单击"开始"选项卡，在功能区中选择"合并居中"，如图6-1-3所示。

图6-1-3　选择"合并居中"

D2：F2单元格区域的操作方法同上。

按上述方法分别将A3：B3、C3：D3、G3：H3、A4：B4、C4：D4、G4：H4、A5：B5、C5：D5、E5：F5、G5：H5、I5：J5、A6：B6、C6：D6、E6：F6、G6：H6、I6：J6、A7：B7、G7：H7、A8：B9、C8：J9单元格区域进行合并。

步骤03：选中A3：J9单元格区域，单击"开始"选项卡，在功能区中选择"所有框线"，如图6-1-4所示。

步骤04：选中A3：J9单元格区域，单击"开始"选项卡，在功能区中选择"粗匣框线"，如图6-1-5所示。

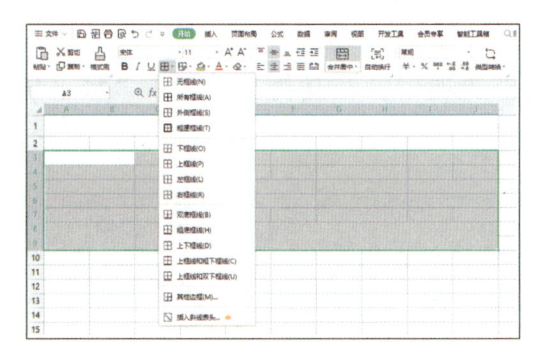

图6-1-4　选择"所有框线"　　　　　图6-1-5　选择"粗匣框线"

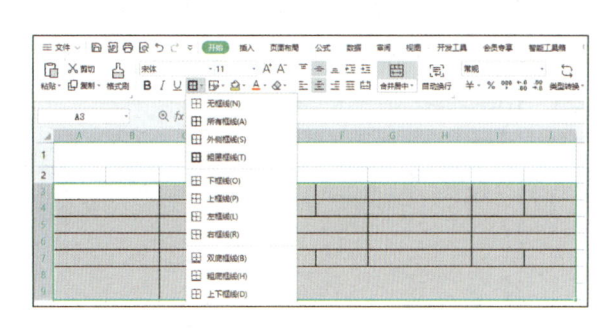

步骤05：在A1单元格输入"固定资产验收单"，单击"开始"选项卡，在功能区中选择"字体设置"，如图6-1-6所示。

图6-1-6　选择"字体设置"

111

步骤 06：在弹出"单元格格式"的对话框中，打开"字体"选项卡，在"字体"下拉列表中选择"华文宋体"，在"字形"下拉列表中选择"粗体"，在"字号"下拉列表中选择"16"，在"下划线"下拉列表中选择"单下划线"，单击"确定"按钮，如图6-1-7所示。

步骤 07：选中D2单元格区域，按"Ctrl"+"1"组合键，在弹出"单元格格式"的对话框中，打开"数字"选项卡，在"分类"下拉列表中选择"日期"，在"类型"中选择"2001年3月7日"，单击"确定"按钮，如图6-1-8所示。

图 6-1-7 选择"华文宋体"字体格式

图 6-1-8 选择"日期"格式

步骤 08：选中D2单元格，按"Ctrl"+";"组合键输入当前日期，如图6-1-9所示。

步骤 09：将固定资产验收单的其他信息录入。

步骤 10：选中A3：J9单元格区域，单击"开始"选项卡，在功能区中选择"水平居中"，如图6-1-10所示。

图 6-1-9 输入当前日期

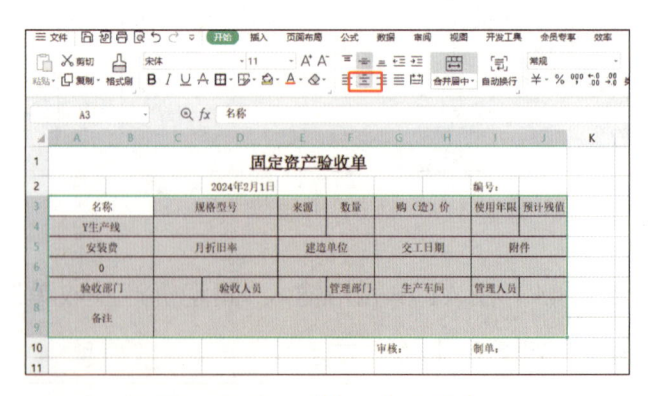

图 6-1-10 选择"水平居中"

步骤 11：按住"Ctrl"键，同时选中G4和J4单元格，如图6-1-11所示。鼠标右键单击，选择"设置单元格格式"。

图 6-1-11 选择单元格

步骤 12：在弹出"单元格格式"的对话框中，打开"数字"选项卡，在"分类"下拉列表中选择"货币"，"小数位数"为"2"，在"货币符号"下拉列表中选择"￥"，在"负数"区域中选择"￥-1,234.10"，单击"确定"按钮，如图 6-1-12 所示。

步骤 13：选中 G6 单元格，单击"开始"选项卡，在功能区中选择"数字格式"下拉框，选择"长日期"，如图 6-1-13 所示。

图 6-1-12 选择"货币"格式

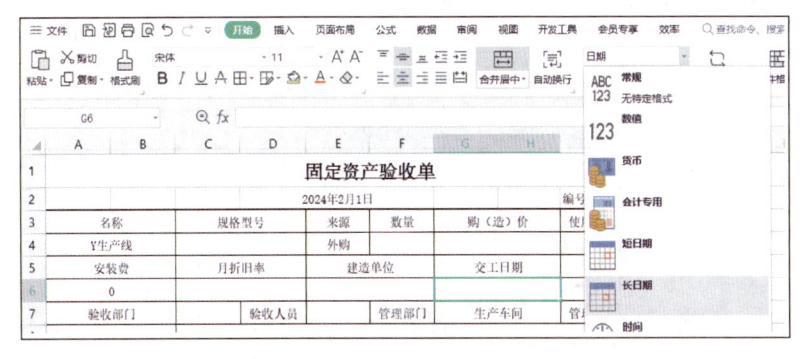

图 6-1-13 选择"长日期"格式

步骤 14：在"固定资产验收单"的相应单元格中输入数据。

步骤 15：选中 A1：J10 单元格区域，单击"页面布局"选项卡，在功能区中单击"打印区域"，选择"设置打印区域"，如图 6-1-14 所示。

图 6-1-14 选择"设置打印区域"

步骤 16：单击"打印预览"选项卡。

步骤 17：当预览后感觉效果比较理想，即可打印，交给相关人员签名，如图 6-1-15 所示。

固定资产验收单

2024年2月1日　　　　　　　　　　　　　编号：　146

名称	规格型号	来源	数量	购（造）价	使用年限	预计残值
Y生产线	A-B	外购	1	￥125,000.00	5	￥1,250.00
安装费	月折旧率	建造单位		交工日期	附件	
0	0.03%	广州建阳公司		2024年2月1日		
验收部门	生产车间	验收人员	赵小虎	管理部门	生产车间	管理人员	赵小虎
备注						

审核：　　　　　　　　　制单：

图 6-1-15　预览固定资产验收单

任务实训

打开"项目六（答题单据）.xlsx"Excel 文件，找到对应工作表，完成以下操作：

练习：请制作一张固定资产验收单，固定资产验收单的样式如图 6-1-16 所示。

固定资产验收单

公司名称	友安食品有限公司				
资产编号	A1508	资产名称	YY生产线		
规格	S-J	管理人	朱楚军		
计量单位	台	预计使用年限	10	预计净残值	9,100.00
使用部门	生产部门	月折旧额	1,440.83	月折旧率	0.42%
买价	180,000.00	运杂费	2,000.00	资产价值	￥182,000.00
出厂日期	2023-10-5	购置日期	2024-2-1		
生产厂家	深圳安利公司	安装地点	糖果生产车间		

固定资产验收情况说明：

验收合格

验收确认：合格

验收日期：2024-2-1

部门负责人签字：

公司总经理签字：

图 6-1-16　友安食品有限公司固定资产验收单

任务评价

同学们，本任务的学习结束了，请你对以下内容进行评价：

评价项目	评价内容	分数	自我评分	小组评分	教师评分
任务实施（60分）	是否掌握固定资产验收单的创建方法	30分			
	是否掌握固定资产验收单的设置单元格的方法	20分			
	是否掌握电子表格软件的基本功能	10分			
工作态度（20分）	工作积极性	5分			
	工作责任心	5分			
	工作责任感	5分			
	工作效率	5分			
职业素养（20分）	团队协作	5分			
	沟通表达	5分			
	认真严谨	10分			

任务 2　固定资产的减少

任务背景

某日，资产管理部门李军发现销售部门使用的一辆运输货物小汽车需要报废，财务部会计孙小楠根据公司的固定资产管理制度，制作固定资产报废申请书，如图6-2-1所示。

固定资产报废申请书

申报部门：		申报日期：	
固定资产名称		购置时间	
数量		使用部门	
原值		净值	
已提折旧		净残值	
报废原因：			
资产管理部门意见		公司意见	

图 6-2-1　固定资产报废申请书

任务分析

为了制作完成这张固定资产报废申请书，孙小楠了解到固定资产报废申请书必须包括"申报部门""申报日期""固定资产名称""购置时间""数量""使用部门""原值""净值""已提折旧""净残值""报废原因"的信息，还需要包括"资产管理部门意见""公司意见"的信息。

任务 2.1　创建固定资产报废申请书

知识点分析

一、固定资产报废申请书的创建需要运用以下知识点

（1）设置表格边框。

（2）标题及相关内容合并单元格。

（3）文本对齐。

（4）特殊格式设置。

二、要求运用的电子表格软件的基本功能

字体设置、合并单元格、打印预览、合并单元格。

创建固定资产报废申请书

任务实施

步骤 01：打开"项目六（答题单据）.xlsx"Excel 文件，打开工作表"固定资产报废申请书"，如图 6-2-2 所示。

步骤 02：设置列宽。选择 A 到 G 列，鼠标右键单击，选择列宽，输入列宽为 20。

步骤 03：选中 A1：D1 单元格区域，单击"开始"选项卡，在功能区中选择"合并居中"下拉框，选择"跨列居中"，如图 6-2-3 所示。

图 6-2-2　打开工作表

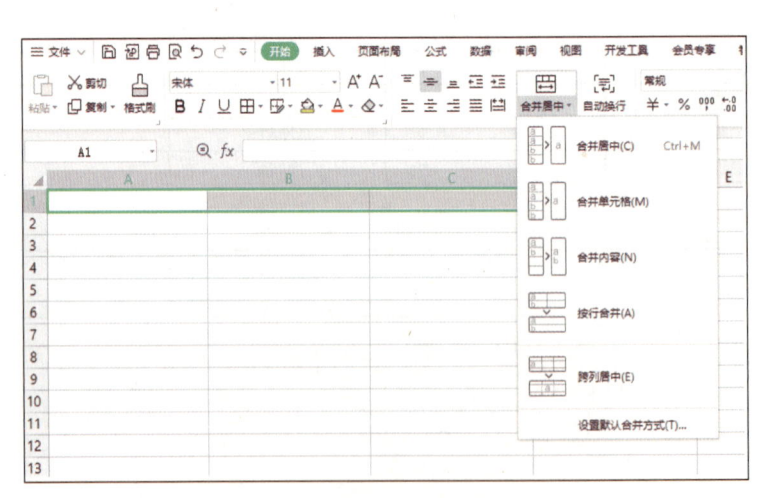

图 6-2-3　选择"跨列居中"

步骤 04：按住"Ctrl"键，同时选中 A7：D8、A9：A10、B9：B10、C9：C10、D9：D10 单元格区域，单击"开始"选项卡，在功能区中选择"合并居中"。

步骤05：选中 A3：D10 单元格区域，单击"开始"选项卡，在功能区中选择"所有框线"，如图 6-2-4 所示。

步骤06：在 A1 单元格输入"固定资产报废申请书"，单击"开始"选项卡，在功能区中选择"字体设置"，如图 6-2-5 所示。

图 6-2-4　选择"所有框线"

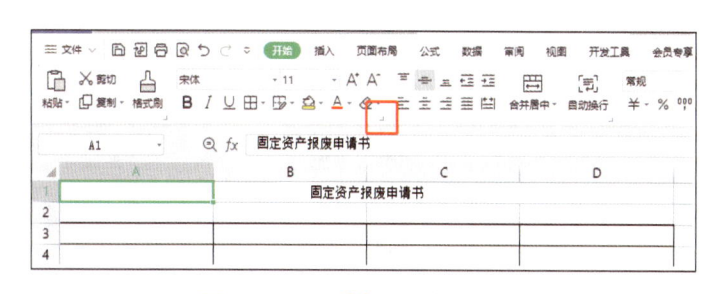

图 6-2-5　选择"字体设置"

步骤07：在弹出"单元格格式"的对话框中，打开"字体"选项卡，在"字体"下拉列表中选择"华文中宋"，在"字形"下拉列表中选择"粗体"，在"字号"下拉列表中选择"20"，在"特殊效果"中选择"上标"，单击"确定"按钮，如图 6-2-6 所示。

步骤08：选中第 1 行，鼠标右键单击，选择"行高"，输入行高为"25"，如图 6-2-7 所示。

图 6-2-6　选择"华文中宋"字体格式

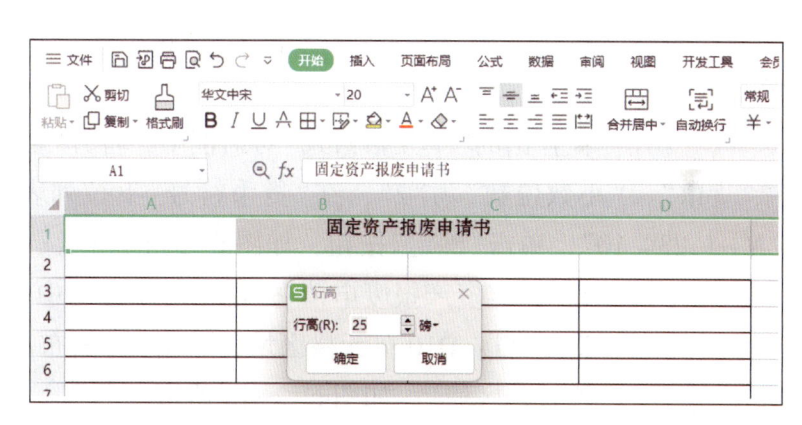

图 6-2-7　选择"行高"

步骤09：选中 D2 单元格区域，按"Ctrl"+"1"组合键，在弹出"单元格格式"的对话框中，打开"数字"选项卡，在"分类"下拉列表中选择"日期"，在"类型"中选择"2001/3/7"，单击"确定"按钮，如图 6-2-8 所示。

步骤10：将固定资产报废申请书的其他信息录入。

步骤11：选中 A2：D19 单元格区域，单击"开始"选项卡，在功能区中选择"水平居中"，如图 6-2-9 所示。

步骤12：选中 A7 单元格，单击"开始"选项卡，在功能区中选择"顶端对齐"，再选择"左对齐"。

117

财务数据处理实务

图 6-2-8　选择"日期"格式

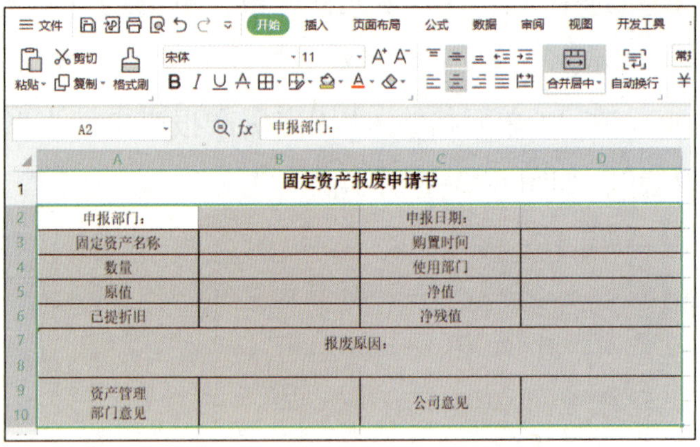

图 6-2-9　选择"水平居中"

步骤 13：选中 A9 单元格，鼠标放置于"部门意见"的前面并双击，如图 6-2-10 所示。

步骤 14：然后按"Alt"+"Enter"组合键插入软回车，使单元格内的文本换行，如图 6-2-11 所示。

图 6-2-10　鼠标放置位置

图 6-2-11　强制换行

步骤 15：按住"Ctrl"键，同时选中 B5、B6、D5、D6 单元格，鼠标右键单击，选择"设置单元格格式"。

步骤 16：在弹出的"单元格格式"对话框中，打开"数字"选项卡，在"分类"下拉列表中选择"货币"，"小数位数"为"2"，在"货币符号"下拉列表中选择"￥"，在"负数"区域中选择"￥-1,234.10"，单击"确定"按钮，如图 6-2-12 所示。

步骤 17：在"固定资产报废申请书"的相应单元格中输入图中所示的数据。

步骤 18：选中 A1：D10 单元格区域，单击"页面布局"选项卡，在功能区中单击"打印区域"，选择"设置打印区域"，如图 6-2-13 所示。

图 6-2-12　选择"货币"格式

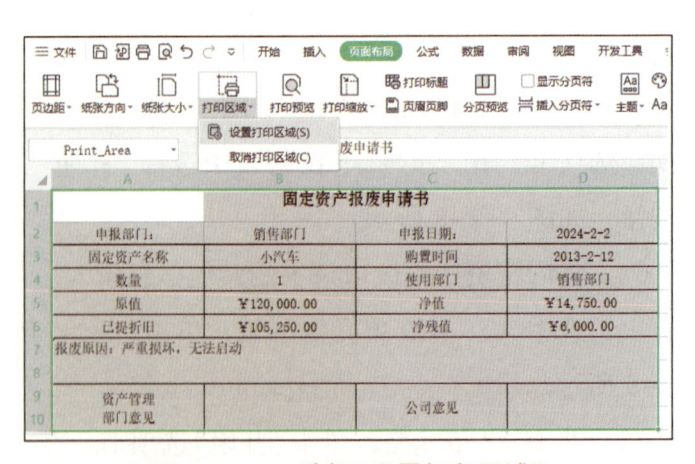

图 6-2-13　选择"设置打印区域"

步骤 19：单击"打印预览"选项卡。

步骤 20：当预览后感觉效果比较理想，即可打印，交给相关部门签名，如图 6-2-14 所示。

固定资产报废申请书

申报部门：	销售部门	申报日期：	2024-2-2
固定资产名称	小汽车	购置时间	2013-2-12
数量	1	使用部门	销售部门
原值	￥120,000.00	净值	￥14,750.00
已提折旧	￥105,250.00	净残值	￥6,000.00
报废原因：严重损坏，无法启动			
资产管理部门意见		公司意见	

图 6-2-14　预览固定资产报废申请书

任务实训

打开"项目六（答题单据）.xlsx"Excel 文件，找到对应工作表，完成以下操作：

练习：请制作一张固定资产处置申请单，固定资产处置申请单的样式如图 6-2-15 所示。

固定资产处置申请单

单位名称：	友安食品有限公司			日期：	2024-2-2		
固定资产名称	戴尔电脑	单位	台	规格	BK	数量	1
资产编号	DS26003	停用日期	2024-1-31	购置日期	2021-4-5	使用部门	财务部门
已折旧月数	43	原值	￥8,500.00	累计折旧	￥5,848.00	净值	￥2,652.00
预计使用年限	5	月折旧额	￥136.00	净残率	4.00%	净残值	￥340.00
处置原因	无法开机						
财务部门意见				公司领导意见			
填制人：				单位负责人：			

图 6-2-15　友安食品有限公司固定资产处置申请单

任务评价

同学们，本任务的学习结束了，请你对以下内容进行评价：

评价项目	评价内容	分数	自我评分	小组评分	教师评分
任务实施（60分）	是否掌握固定资产报废申请书的创建方法	30 分			
	是否掌握固定资产报废申请书的设置单元格的方法	20 分			
	是否掌握电子表格软件的基本功能	10 分			

续表

评价项目	评价内容	分数	自我评分	小组评分	教师评分
工作态度 （20分）	工作积极性	5分			
	工作责任心	5分			
	工作责任感	5分			
	工作效率	5分			
职业素养 （20分）	团队协作	5分			
	沟通表达	5分			
	认真严谨	10分			

任务 3　计算统计资产折旧

任务背景

财务部会计孙小楠根据公司的固定资产管理制度，利用 WPS 表格制作固定资产折旧计算统计表，如图 6-3-1 所示。

资产编号	固定资产名称	类别名称	使用状态	使用部门	增加方式	折旧方法	原值	开始使用日期	预计使用年限（月）	净残值率
当前日期：	2024-1-31									
0101	精密加工厂房	房屋及建筑物	在用	一车间、二车间	直接购入	平均年限法	820,000.00	2023-3-1	240	0.05
0102	6T作业叉车	生产设备	在用	一车间/二车间	直接购入	平均年限法	252,800.00	2020-7-1	120	0.03
0103	M+生产线	生产设备	在用	一车间/二车间	直接购入	平均年限法	200,000.00	2020-7-1	120	0.03
0104	数控机—S	生产设备	在用	一车间	直接购入	平均年限法	250,000.00	2019-11-5	120	0.03
0105	切割机	生产设备	在用	一车间	直接购入	平均年限法	182,300.00	2019-11-5	120	0.03
0106	高压气泵	生产设备	在用	二车间	直接购入	平均年限法	157,600.00	2019-11-5	100	0.03
0107	电焊机	生产设备	在用	二车间	直接购入	平均年限法	72,560.00	2023-5-6	100	0.03
0108	数控机—K	生产设备	在用	二车间	直接购入	平均年限法	87,260.00	2020-5-6	240	0.03
0109	成品仓库	房屋及建筑物	在用	仓储部	直接购入	平均年限法	1,005,000.00	2020-5-6	480	0.05
0110	联想昭阳电脑1	办公设备	在用	行政部	直接购入	平均年限法	4,800.00	2020-7-10	50	0.02
0111	联想昭阳电脑2	办公设备	在用	行政部	直接购入	平均年限法	4,800.00	2020-9-10	60	0.02
0112	联想昭阳电脑3	办公设备	在用	采购部	直接购入	平均年限法	4,800.00	2020-5-3	60	0.02
0113	惠普激光打印机	办公设备	在用	采购部	直接购入	平均年限法	7,250.00	2020-5-3	64	0.03
0114	小货车	运输设备	在用	采购部	直接购入	平均年限法	258,000.00	2020-5-3	60	0.05
0115	联想昭阳电脑4	办公设备	在用	财务部	直接购入	平均年限法	5,000.00	2020-7-15	36	0.02
0116	联想昭阳电脑5	办公设备	在用	财务部	直接购入	平均年限法	5,000.00	2019-2-16	36	0.02
0117	联想昭阳电脑6	办公设备	在用	财务部	直接购入	平均年限法	5,000.00	2022-1-1	36	0.02
0118	复印打印一体机	办公设备	在用	财务部	直接购入	平均年限法	8,050.00	2022-7-12	60	0.03

图 6-3-1　固定资产折旧计算统计表（部分）

任务分析

为了制作完成这张固定资产折旧计算统计表，孙小楠了解到固定资产折旧计算统计表必须包含"资产编号""固定资产名称""类别名称""使用部门""增加方式""折旧方法""原值""开

始使用日期""预计使用年限(月)"和"净残值率""残值""本月应计提折旧额""截至上月末累计折旧金额""截至本月末累计折旧金额"和"净值"信息。

任务3.1　固定资产折旧计算统计表

知识点分析

一、固定资产折旧计算统计表的创建需要运用以下知识点

(1)设置表格边框。

(2)标题合并单元格。

二、"残值""本月应计提折旧额""截至上月末累计折旧金额""截至本月末累计折旧金额"和"净值"的计算需要运用以下知识点

(1)IF函数解析。IF函数用于判断条件的真假，是一个逻辑函数，IF函数有三个参数，语法=IF(条件判断,结果为真返回值,结果为假返回值)。

(2)ROUND函数解析。ROUND函数用于返回按指定位数进行四舍五入的数值。ROUND函数有两个参数，语法=ROUND(要四舍五入的数,位数)。

(3)YEAR函数解析。YEAR函数是提取年份。

(4)MONTH函数解析。MONTH函数是提取月份。

(5)SLN函数解析。SLN函数表示返回一个期间内的资产的直线折旧，即平均年限法计算折旧。语法=SLN(资产原值,资产残值,资产折旧期数)。

三、折旧方法的概述

企业应根据固定资产所含经济利益的预期实现方式选择折旧方法。可供选择的折旧方法主要包括年限平均法、工作量法、双倍余额递减法、年数总和法等。折旧方法一经确定，不得随意变更。如需变更，应在会计报表附注中予以说明。

(1)SYD函数。SYD函数表示计算在指定期间内资产按年数总和折旧法计算的折旧。SYD函数有4个参数，语法=SYD(资产原值,资产残值,资产折旧期数,要计算折旧的期数)。

(2)DDB函数。DDB函数表示用双倍余额递减法或其他指定方法，计算指定期间内某项固定资产的折旧值。DDB函数有五个参数，语法=DDB(资产原值,资产残值,资产折旧期数,要计算折旧的期数,余额递减速率)。

四、辅助列的作用

辅助列就是在表格之外增加的列，对表格的数据编制公式进行计算，然后对辅助列的数据进行运算。实质上辅助列就是将比较复杂的问题分解成几个小问题，通过在表格中增加辅助列，将复杂公式中本来在内存中进行的多步骤运算，放到表格中进行多步骤运算，从而将复杂的问题简单化。

任务实施

步骤 01：打开"项目六(答题单据).xlsx"Excel 文件，打开工作表"固定资产折旧计算统计表"，如图 6-3-2 所示。

步骤 02：在 A1 单元格中输入"固定资产折旧计算统计表"，在 A2 和 B2 单元格中分别输入"当前日期:"和日期"2024-1-31"，如图 6-3-3 所示。

图 6-3-2　打开工作表

图 6-3-3　输入信息

步骤 03：在 A3：P3 单元格区域中分别输入"资产编号""固定资产名称""类别名称""使用状况""使用部门""增加方式""折旧方法""原值""开始使用日期""预计使用年限(月)"和"净残值率""残值""本月应计提折旧额""截至上月末累计折旧金额""截至本月末累计折旧金额"和"净值"。

步骤 04：选中 A1：P1 单元格区域，单击"开始"选项卡，在功能区中选择"合并居中"，再单击"B"加粗。

步骤 05：设置行高列宽。

(1)选择 1～21 行，鼠标右键单击，选择"行高"，输入行高为 20，如图 6-3-4 所示；

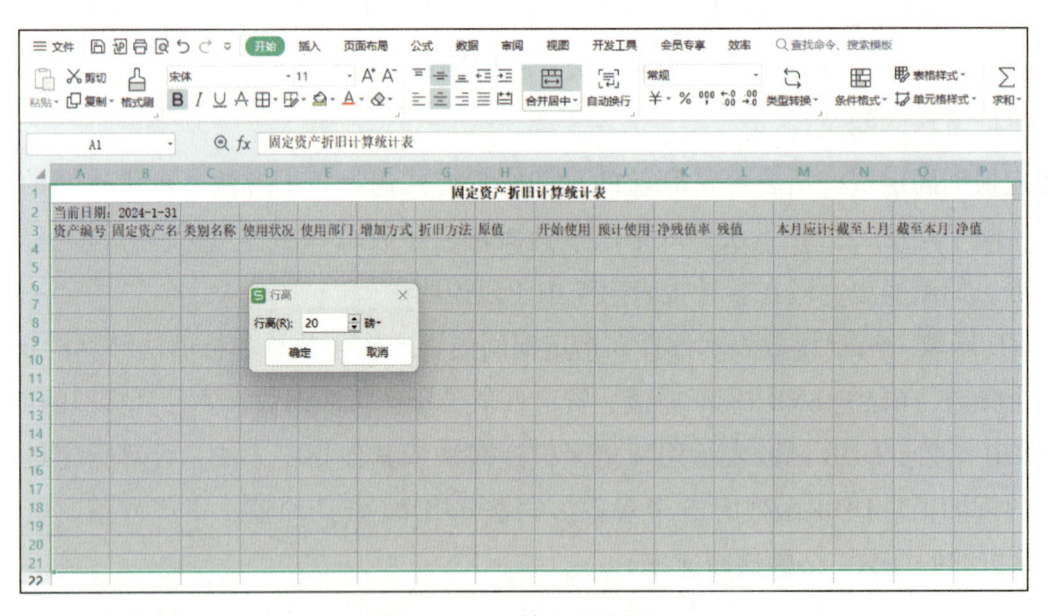

图 6-3-4　输入"列宽"

(2)按住 Ctrl 键，选择 A～M 列和 P 列，鼠标右键单击，选择"列宽"，输入列宽为 15；

(3)选择 N 列和 O 列，鼠标右键单击，选择"列宽"，输入列宽为 30。

步骤 06：选中 A3：P21 单元格区域，单击"开始"选项卡，在功能区中选择"所有框线"。

步骤 07：选中 A3：P21 单元格区域，单击"开始"选项卡，在功能区中选择"水平居中"。

步骤08：在A4单元格中输入"0101"，并按"Enter"键。此时显示为"101"，鼠标单击旁边出现的橙色标识，单击"单击切换"（切换为文本格式），如图6-3-5所示。

步骤09：当鼠标移至A4单元格右下角，出现黑色十字时，按住鼠标左键向下拖动到A21单元格，这样即可完成资产编号的录入。

图6-3-5　单击"单击切换"

步骤10：使用"记录单"功能将固定资产的其他信息如固定资产名称、类别名称、使用状况、使用部门、和增加方式等录入"固定资产折旧计算统计表"中。操作方法如下：

（1）选择A3~K21单元格，单击"数据"选项卡，在功能区中选择"记录表"，如图6-3-6所示。

图6-3-6　选择"记录单"

（2）在弹出的对话框中，按键盘最左侧的Tab键（Tab键作用1：改变焦点；作用2：快速重命名；作用3：切换窗口；作用4：切换选项卡或标签），光标移至"固定资产名称"，输入"精密加工厂房"。

（3）继续按Tab键，光标移至"资产类别："，输入"房屋及建筑物"。

（4）依照上述方法，分别输入"使用部门""增加方式""折旧方法""原值""开始使用日期""预计使用年限（月）"和"净残值率"。

（5）在输入完成后，单击"下一条"。

（6）继续输入工号"0102"资产的其他信息，直到全部信息录完为止。

步骤11：选中L4单元格，在L4单元格或编辑栏中输入公式："=ROUND（H4*K4，2）"，如图6-3-7所示。

图6-3-7　输入"残值"公式

123

【小提示】公式"=ROUND(H4*K4，2)"表示原值乘残值的积再保留两位小数。Round函数是求四舍五入的函数，其中"2"表示保留2位小数。

步骤12：在计算 M 列之前，先要求固定资产开始使用日期到当前日期一共经过了多少个月份。在 Q 列计算月份(这是辅助列)，在 Q3 单位格中输入"月份"，在 Q4 单元格或编辑栏中输入公式："=(YEAR($B$2)-YEAR(I4))*12+MONTH($B$2)-MONTH(I4)"，如图 6-3-8 所示。

图 6-3-8 输入"月份"公式

【小提示】公式"=(YEAR($B$2)-YEAR(I4))*12+MONTH($B$2)-MONTH(I4)"，由于计算固定资产开始使用日期到当前日期经历的月份，其中 YEAR 是求年份的函数，MONTH 是求月份的函数。

步骤13：还需要知道本月是否需要计提折旧，在 R 列计算是否需要计提(这是辅助列)，在 R3 单元格输入"是否需要计提"，在 R4 单元格或编辑栏中输入公式："=IF(J4>Q4,"是","否")"，如图 6-3-9 所示。

图 6-3-9 输入"是否需要计提"公式

【小提示】公式"=IF(J4>P4,"是","否")"，用于计算本月是否需要计提，即表示如果"J4"单元格大于"P4"单元格就返回"是"，否则返回"否"。

步骤14：选中 M4 单元格，在 M4 单元格或编辑栏中输入公式："=ROUND(IF(R4="是",SLN(H4,L4,J4),0),2)"，如图 6-3-10 所示。

图 6-3-10　输入"本月应计提折旧额"公式

【小提示】公式"=ROUND(IF(Q4="是",SLN(H4,L4,J4),0),2)",用于计算本月计提的金额,其中 SLN 函数表示返回一个期间内的资产的直线折旧,即平均年限法计算折旧。

步骤 15：选中 N4 单元格,在 N4 单元格或编辑栏中输入公式："=ROUND((H4-L4)/J4*IF(Q4>J4,J4,Q4-1),2)",如图 6-3-11 所示。

图 6-3-11　输入"截至上月末累计折旧金额"公式

【小提示】公式"=ROUND((H4-L4)/J4*IF(Q4>J4,J4,Q4-1),2)",先用 if 函数计算截至上月已计提折旧月份,再计算截至上月末累计折旧金额。原值"H4"单元格减去残值"L4"单元格的差再除以预计可使用月份"J4"单元格的值,再乘截至上月已计提折旧月份,结果保留两位小数。

步骤 16：选中 O4 单元格,在 O4 单元格或编辑栏中输入公式："=ROUND(M4+N4,2)",如图 6-3-12 所示。

图 6-3-12　输入"截至本月末累计折旧金额"公式

【小提示】公式"=ROUND(M4+N4,2)",用于计算截至本月末已累计折旧的金额,本月应计提折旧额"M4"单元格与截至本月末累计折旧金额"N4"单元格相加,结果保留两位小数。

步骤 17：选中 P4 单元格，在 P4 单元格或编辑栏中输入公式："=ROUND(H4-O4-L4, 2)"，如图 6-3-13 所示。

图 6-3-13　输入"净值"公式

【小提示】公式"=ROUND(H4-O4-L4, 2)"，用于固定资产净值的金额，固定资产原值"H4"单元格减去截至本月末已累计折旧的金额"O4"单元格的值，再减去残值"L4"单元格的值，结果保留两位小数。

步骤 18：选中 L4：R4 单元格区域，当鼠标移至 R4 单元格右下角，出现黑色十字时，按住鼠标左键向下拖动到 R21 单元格。

步骤 19：选中 K4：K21 单元格区域，鼠标右键单击，选择"设置单元格格式"。

步骤 20：在弹出"单元格格式"的对话框中，打开"数字"选项卡，在"分类"下拉列表中选择"百分比"，"小数位数"为"2"，单击"确定"按钮，如图 6-3-14 所示。

步骤 21：按住"Ctrl"键，同时选中 H4：H21 和 L4：P21 单元格区域，单击"开始"选项卡，在功能区中选择"右对齐"，再按"Ctrl"+"1"组合键。

步骤 22：在弹出"单元格格式"的对话框中，打开"数字"选项卡，在"分类"下拉列表中选择"数值"，"小数位数"输入"2"，勾选"使用千位分隔符"，在"负数"区域中选择"-1,234.10"，单击"确定"按钮，如图 6-3-15 所示。

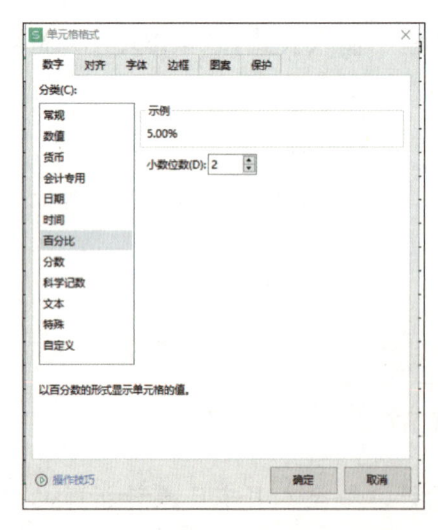

图 6-3-14　选择"百分比"格式　　　图 6-3-15　选择"数值"格式

最终结果如图 6-3-16 所示。

图 6-3-16　诚品信息科技有限公司固定资产折旧计算统计表

任务实训

打开"项目六（答题单据）.xlsx"Excel 文件，找到对应工作表，完成以下操作：

练习：请使用三种方法计算固定资产的折旧额，样式如图 6-3-17 所示。

图 6-3-17　计算固定资产的折旧额样式

任务评价

同学们，本任务的学习结束了，请你对以下内容进行评价：

评价项目	评价内容	分数	自我评分	小组评分	教师评分
任务实施（60分）	是否掌握固定资产折旧计算统计表的创建方法	20分			
	是否掌握利用"记录单"录入数据的方法	10分			
	是否掌握运用 IF、ROUND、YEAR、MONTH 和 SLN 函数计算固定资产的以下内容：是否需要计提、残值、截至当前日期所经历的月份、平均年限法计算折旧等	30分			
工作态度（20分）	工作积极性	5分			
	工作责任心	5分			
	工作责任感	5分			
	工作效率	5分			

127

续表

评价项目	评价内容	分数	自我评分	小组评分	教师评分
职业素养（20分）	团队协作	5分			
	沟通表达	5分			
	认真严谨	10分			

素养课堂

固定资产是企业的核心资源之一，管理人员具备多方面的专业能力和职业素养，才能管理好固定资产，为企业的长期稳定持续发展奠定坚实的基础。

首先，专业知识与技能。固定资产管理人员需要掌握涉及固定资产购置、折旧、处置等方面的专业知识和技能，确保固定资产管理的合规性、准确性；同时，能运用计算机操作和数据处理能力，进行固定资产的登记、核算和管理，确保资产得到充分、有效的利用，避免闲置和浪费，提高资产的使用效率。

其次，创新思维和变革能力。响应二十大号召，管理人员应具备创新思维和变革能力，勇于尝试新的管理模式和技术，推动固定资产管理向数字化、智能化转型；通过不断创新和变革，降低资产管理成本，提高企业的经济效益。

最后，责任心和执行力。固定资产管理岗位需要具备强烈的责任心和执行力，确保资产的安全和完整，防止资产流失和损坏；管理人员还应具备风险管理意识，制定合理的内控管理制度和风险控制措施，降低固定资产的损失风险。

项目七

财务报表

企业对外报送的财务报表，是对企业财务状况、经营成果和现金流量的结构性表述，至少应当包括资产负债表、利润表、现金流量表等报表。其中，资产负债表是反映企业在某一特定日期财务状况的报表，利润表是反映企业在一定会计期间生产经营成果的报表，现金流量表是反映企业一定会计期间现金及现金等价物流入流出情况的报表。

项目目标

一、学习及评价目标

（1）掌握资产负债表、利润表的创建方法。

（2）掌握运用 VLOOKUP 和 SUM 函数计算资产负债表"期末余额"的填列和利润表"本月金额"的填列。

（3）掌握定义表格名称的用处。

二、素养目标

（1）培养不做假账的职业操守。

（2）培养坚持准则的会计职业道德。

（3）培养严谨细致的工作态度。

（4）培养证-账-表间相互钩稽的逻辑思维意识。

任务 1　资产负债表

任务背景

资产负债表主要提供企业财务状况方面的信息，即某一特定日期企业的资产、负债、所有者权益及其相互关系，依据一定的分类标准和顺序予以排列，表明企业拥有或控制的资源及其分布情况、负债总额及其结构、所有者所拥有的权益等会计信息，反映企业的变现能力、偿债能力和资金周转能力，判断资本保值、增值情况，有助于报表使用者做出经济决策。

公司财务部会计孙小楠月末利用 WPS 表格编制资产负债表，如图 7-1-1 所示。

资产负债表

会小企01表

编制单位：　　　　　　　　　编制日期：　　　　　　　　　　　　　　　　　　单位：元

资产	行次	期末余额	年初余额	负债和所有者权益	行次	期末余额	年初余额
流动资产：				流动负债：			
货币资金	1			短期借款	32		
短期投资	2			应付票据	33		
应收票据	3			应付账款	34		
应收账款	4			预收账款	35		
预付账款	5			应付职工薪酬	36		
应收股利	6			应交税费	37		
应收利息	7			应付利息	38		
其他应收款	8			应付利润	39		
存货	9			其他应付款	40		
其中：原材料	10			其他流动负债	41		
在产品	11			一年内到期的非流动负债	42		
库存商品	12			流动负债合计	43		
周转材料	13			非流动负债：			
一年内到期的非流动资产	14			长期借款	44		
其他流动资产	15			长期应付款	45		
流动资产合计	16			递延收益	46		
非流动资产：				其他非流动负债	47		
长期债券投资	17			非流动负债合计	48		
长期股权投资	18			负债合计	49		
固定资产原价	19						
减：累计折旧	20						
固定资产账面价值	21						
在建工程	22						
工程物资	23						
固定资产清理	24						
生产性生物资产	25			所有者权益（或股东权益）			
无形资产	26			实收资本（或股本）	50		
开发支出	27			资本公积	51		
长期待摊费用	28			盈余公积	52		
其他非流动资产	29			未分配利润	53		
非流动资产合计	30			所有者权益（或股东权益）合计	54		
资产总计	31			负债和所有者权益（或股东权益）总计	55		

单位负责人：　　　　　　　　　财务负责人：　　　　　　　　　财务主管：　　　　　　　　　编制人：

图 7-1-1　资产负债表

任务分析

本次任务共分为两个子任务：①编制资产负债表；②发布资产负债表。

任务 1.1　编制资产负债表

知识点分析

一、资产负债表的创建需要运用以下知识点

（1）设置表格边框。

（2）标题合并单元格。

二、"期末余额"的计算需要运用以下知识点

（1）VLOOKUP 函数解析。VLOOKUP 函数是用于在数据表中进行垂直查找的函数。在表格或数值数组的首列查找指定的数值，并由此返回表格或数组当前行中指定列的数值。VLOOKUP 函数有四个参数，语法 = VLOOKUP（要查找的值，要查找的区域，返回数据在查找的区域的列数，近似匹配/精确匹配）。

（2）SUM 函数解析。SUM 函数指的是返回某一单元格区域中数字、逻辑值及数字的文本表达式之和。SUM 函数是一个数学和三角函数，可将值相加。可以将单个值、单元格引用或是区域相加，或者将三者的组合相加。

三、定义名称的作用

定义表格名称是一个很方便的技巧，直接引用即可，无须再次定位。

在 Excel 中，名称是我们建立的一个易于记忆的标识符。它有六个方面优点：

（1）名称可以增强公式的可读性，使用名称的公式比使用单元格引用位置的公式易于阅读和记忆。

（2）一旦定义名称之后，不仅减少了公式出错的可能性，还可以让系统在计算寻址时，能精确到更小的范围而不必用相对的位置来搜寻源及目标单元格。

（3）当改变工作表结构后，可以直接更新某处的引用位置，达到所有使用这个名称的公式都自动更新。

（4）为公式命名后，就不必将该公式放入单元格中了，有助于减小工作表的大小，还能代替重复循环使用相同的公式，缩短公式长度。

（5）用名称方式定义动态数据列表，可以避免使用很多辅助列，跨表链接时能让公式更清晰。

（6）使用范围名替代单元格地址，更容易创建和维护宏。

任务实施

步骤 01：打开"项目七（答题单据）.xlsx" Excel 文件，打开工作表"资产负债表"，如图 7-1-2 所示。

图 7-1-2　打开工作表

步骤 02：在"资产负债表"工作表中，选择 A1：G1 单元格区域，单击"开始"选项卡，在功能区中选择"合并居中"，再单击"B"加粗，如图 7-1-3 所示。

步骤 03：选择 A2：G2 单元格区域，在功能区中选择"合并居中"，再单击"B"加粗，并单击"左对齐"。在"编制日期"前增加适当的空格，如图 7-1-4 所示。

图 7-1-3　选择"合并居中"

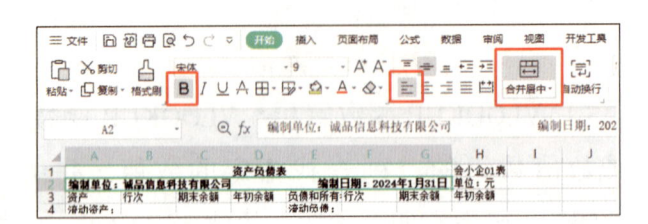

图 7-1-4　设置字体格式

步骤 04：设置行高列宽。

（1）选择 2~37 行，鼠标右键单击，选择"行高"，输入行高为 20；

（2）选择 1 行，鼠标右键单击，选择"行高"，输入行高为 30；

（3）按住"Ctrl"键选择 C、D 列和 G、H 列，鼠标右键单击，选择"列宽"，输入列宽为 20；

（4）按住"Ctrl"键选择 A 列和 E 列，鼠标右键单击，选择"列宽"，输入列宽为 35；

（5）按住"Ctrl"键选择 B 列和 F 列，鼠标右键单击，选择"列宽"，输入列宽为 5，如图 7-1-5 所示。

图 7-1-5　输入列宽

步骤 05：设置字体字号。按住"Ctrl"键，同时选择 H1 单元格和 A2：H36 单元格区域，单击"开始"选项卡，在功能区中单击"字号"，选择 11 字号；选择 A1 单元格，单击"开始"选项卡，在功能区中单击"字体"，选择"楷体"字体，再选择 16 字号，如图 7-1-6 所示。

图 7-1-6　设置字体格式

步骤 06：选中 A3：H36 单元格区域，单击"开始"选项卡，在功能区中选择"所有框线"。

步骤 07：设置数字格式。按住"Ctrl"键选择 C、D 列和 G、H 列，鼠标右键单击，选择"设置单元格格式"。

步骤 08：在弹出"单元格格式"对话框中，打开"数字"选项卡，在"分类"列表中选择"数值"，勾选"使用千位分隔符"，在"负数"区域中选择"-1,234.10"，单击"确定"按钮，如图 7-1-7 所示。

步骤 09：打开工作表"科目汇总表"，选择 A2：I110 单元格区域，按"Ctrl"+"T"组合键，在弹出的"创建表"的窗口中，取消"筛选按钮"选框，如图 7-1-8 所示。

图 7-1-7　选择"数值"格式　　　　图 7-1-8　选择"创建表"

步骤 10：单击"表格工具"选项卡，在功能区中修改表名称为"科目汇总表"，如图 7-1-9 所示。

图 7-1-9　修改表名称

133

步骤 11：打开工作表"资产负债表"，选中 C5 单元格，在 C5 单元格或编辑栏中输入公式："＝VLOOKUP("1001"，科目汇总表，8，0)＋VLOOKUP("1002"，科目汇总表，8，0)＋VLOOKUP("1012"，科目汇总表，8，0)"，如图 7-1-10 所示。

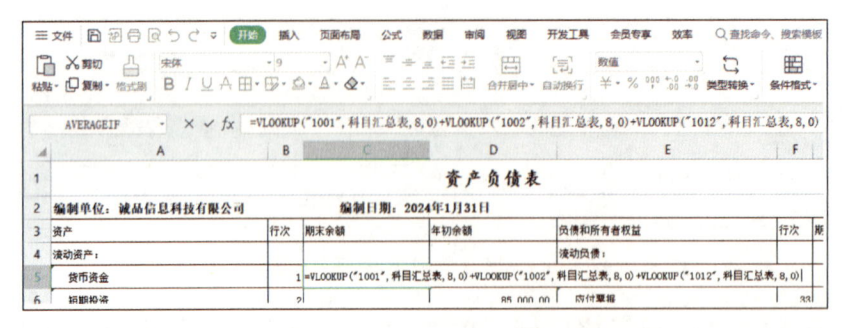

图 7-1-10　输入"货币资金"公式

【小提示】公式"＝VLOOKUP("1001"，科目汇总表，8，0)＋VLOOKUP("1002"，科目汇总表，8，0)＋VLOOKUP("1012"，科目汇总表，8，0)"，在科目汇总表第 8 列查找科目代码为"1001"的金额，在科目汇总表第 8 列查找科目代码为"1002"的金额，在科目汇总表第 8 列查找科目代码为"1012"的金额，这三个科目的金额相加。货币资金＝库存现金＋银行存款＋其他货币资金。

步骤 12：选中 C6 单元格，在 C6 单元格或编辑栏中输入公式："＝VLOOKUP("1101"，科目汇总表，8，0)"，如图 7-1-11 所示。

【小提示】公式"＝VLOOKUP("1101"，科目汇总表，8，0)"，在科目汇总表第 8 列查找科目代码为"1101"的金额。

步骤 13：选中 C7 单元格，在 C7 单元格或编辑栏中输入公式："＝VLOOKUP("1121"，科目汇总表，8，0)"，如图 7-1-12 所示。

图 7-1-11　输入"短期投资"公式 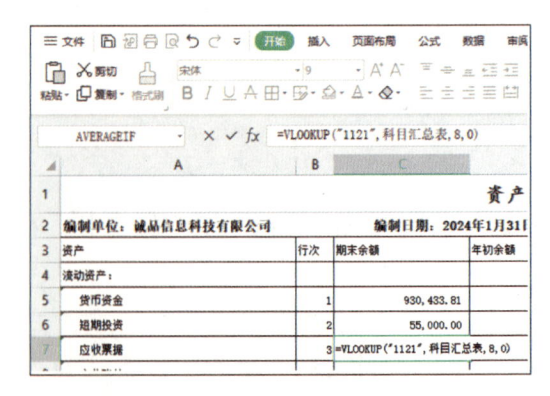　　　　图 7-1-12　输入"应收票据"公式

【小提示】公式"＝VLOOKUP("1121"，科目汇总表，8，0)"，在科目汇总表第 8 列查找科目代码为"1121"的金额。

步骤14：选中C8单元格，在C8单元格或编辑栏中输入公式："=VLOOKUP("1122"，科目汇总表，8，0)"，如图7-1-13所示。

【小提示】公式"=VLOOKUP("1122"，科目汇总表，8，0)"，在科目汇总表第8列查找科目代码为"1122"的金额。

步骤15：选中C9单元格，在C9单元格或编辑栏中输入公式："=VLOOKUP("1123"，科目汇总表，8，0)"，如图7-1-14所示。

图7-1-13　输入"应收账款"公式　　　　图7-1-14　输入"预付账款"公式

【小提示】公式"=VLOOKUP("1123"，科目汇总表，8，0)"，在科目汇总表第8列查找科目代码为"1123"的金额。

步骤16：选中C12单元格，在C12单元格或编辑栏中输入公式："=VLOOKUP("1221"，科目汇总表，8，0)"，如图7-1-15所示。

【小提示】公式"=VLOOKUP("1221"，科目汇总表，8，0)"，在科目汇总表第8列查找科目代码为"1221"的金额。

步骤17：选中C14单元格，在C14单元格或编辑栏中输入公式："=VLOOKUP("1403"，科目汇总表，8，0)"，如图7-1-16所示。

图7-1-15　输入"其他应收款"公式　　　　图7-1-16　输入"原材料"公式

【小提示】公式"=VLOOKUP("1403",科目汇总表，8，0)"，在科目汇总表第 8 列查找科目代码为"1403"的金额。

步骤 18：选中 C15 单元格，在 C15 单元格或编辑栏中输入公式："=VLOOKUP("4001"，科目汇总表，8，0)"，如图 7-1-17 所示。

【小提示】公式"=VLOOKUP("4001"，科目汇总表，8，0)"，在科目汇总表第 8 列查找科目代码为"4001"的金额。

步骤 19：选中 C16 单元格，在 C16 单元格或编辑栏中输入公式："=VLOOKUP("1405"，科目汇总表，8，0)"，如图 7-1-18 所示。

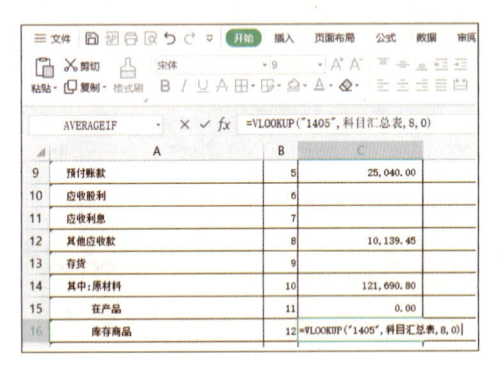

图 7-1-17　输入"在产品"公式　　　　图 7-1-18　输入"库存商品"公式

【小提示】公式"=VLOOKUP("1405"，科目汇总表，8，0)"，在科目汇总表第 8 列查找科目代码为"1405"的金额。

步骤 20：选中 C17 单元格，在 C17 单元格或编辑栏中输入公式："=VLOOKUP("1411"，科目汇总表，8，0)"，如图 7-1-19 所示。

【小提示】公式"=VLOOKUP("1411"，科目汇总表，8，0)"，在科目汇总表第 8 列查找科目代码为"1411"的金额。

步骤 21：选中 C13 单元格，在 C13 单元格或编辑栏中输入公式："=SUM(C14：C17)"，如图 7-1-20 所示。

图 7-1-19　输入"周转材料"公式　　　　图 7-1-20　输入"存货"公式

【小提示】公式"=SUM(C14：C17)"，表示C14到C17单元格区域范围内金额相加。

步骤22：选中C20单元格，在C20单元格或编辑栏中输入公式："=SUM(C5：C13)+SUM(C18：C19)"，如图7-1-21所示。

【小提示】公式"=SUM(C5：C13)+SUM(C18：C19)"，表示C5到C13单元格区域范围内和C18到C19单元格区域范围内金额相加。

步骤23：选中C22单元格，在C22单元格或编辑栏中输入公式："=VLOOKUP("1501"，科目汇总表，8，0)"，如图7-1-22所示。

图7-1-21　输入"流动资产合计"公式

图7-1-22　输入"长期债券投资"公式

【小提示】公式"=VLOOKUP("1501"，科目汇总表，8，0)"，在科目汇总表第8列查找科目代码为"1501"的金额。

步骤24：选中C24单元格，在C24单元格或编辑栏中输入公式："=VLOOKUP("1601"，科目汇总表，8，0)"，如图7-1-23所示。

图7-1-23　输入"固定资产原价"公式

137

【小提示】公式"=VLOOKUP("1601",科目汇总表,8,0)",在科目汇总表第8列查找科目代码为"1601"的金额。

步骤25：选中C25单元格，在C25单元格或编辑栏中输入公式："=VLOOKUP("1602",科目汇总表,9,0)"，如图7-1-24所示。

【小提示】公式"=VLOOKUP("1602",科目汇总表,9,0)"，在科目汇总表第8列查找科目代码为"1602"的金额。

步骤26：选中C26单元格，在C26单元格或编辑栏中输入公式："=C24-C25"，如图7-1-25所示。

图7-1-24　输入"累计折旧"公式

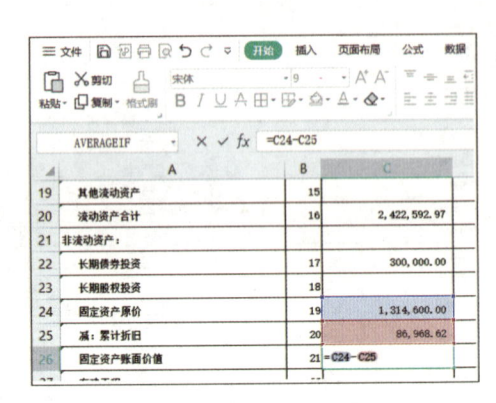

图7-1-25　输入"固定资产账面价值"公式

【小提示】公式"=C24-C25"，表示C24单元格的值减去C25单元格的值。

步骤27：选中C29单元格，在C29单元格或编辑栏中输入公式："=VLOOKUP("1606",科目汇总表,8,0)"，如图7-1-26所示。

【小提示】公式"=VLOOKUP("1606",科目汇总表,8,0)"，在科目汇总表第8列查找科目代码为"1606"的金额。

步骤28：选中C31单元格，在C31单元格或编辑栏中输入公式："=VLOOKUP("1701",科目汇总表,8,0)-VLOOKUP("1702",科目汇总表,9,0)"，如图7-1-27所示。

图7-1-26　输入"固定资产清理"公式

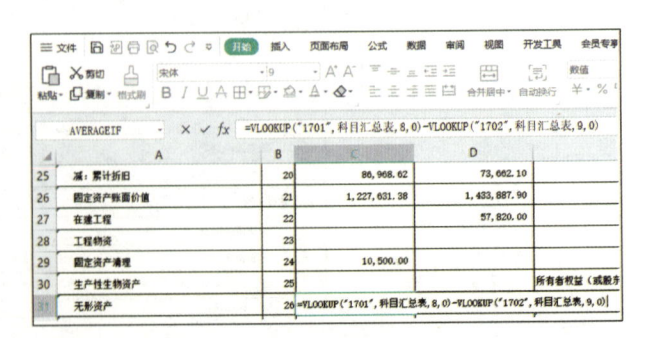

图7-1-27　输入"无形资产"公式

【小提示】公式"=VLOOKUP("1701",科目汇总表，8，0)-VLOOKUP("1702"，科目汇总表，9，0)"，在科目汇总表第 8 列查找科目代码为"1701"的金额，在科目汇总表第 9 列查找科目代码为"1702"的金额，两者相减。无形资产以净值列示。

步骤 29：选中 C35 单元格，在 C35 单元格或编辑栏中输入公式："=SUM(C22：C23)+SUM(C26：C34)"，如图 7-1-28 所示。

【小提示】公式"=SUM(C22：C23)+SUM(C26：C34)"，表示 C22 到 C23 单元格区域范围内和 C26 到 C34 单元格区域范围内金额相加。

步骤 30：选中 C36 单元格，在 C36 单元格或编辑栏中输入公式："=C20+C35"，如图 7-1-29 所示。

图 7-1-28　输入"非流动资产合计"公式

图 7-1-29　输入"资产总计"公式

【小提示】公式"=C20+C35"，表示 C20 单元格的值加上 C35 单元格的值。

步骤 31：选中 G5 单元格，在 G5 单元格或编辑栏中输入公式："=VLOOKUP("2001"，科目汇总表，9，0)"，如图 7-1-30 所示。

图 7-1-30　输入"短期借款"公式

【小提示】公式"=VLOOKUP("2001",科目汇总表,9,0)",在科目汇总表第9列查找科目代码为"2001"的金额。

步骤32：选中 G6 单元格，在 G6 单元格或编辑栏中输入公式："=VLOOKUP("2201",科目汇总表,9,0)"，如图7-1-31所示。

【小提示】公式"=VLOOKUP("2201",科目汇总表,9,0)"，在科目汇总表第9列查找科目代码为"2201"的金额。

步骤33：选中 G7 单元格，在 G7 单元格或编辑栏中输入公式："=VLOOKUP("2202",科目汇总表,9,0)"，如图7-1-32所示。

图 7-1-31　输入"应付票据"公式

图 7-1-32　输入"应付账款"公式

【小提示】公式"=VLOOKUP("2202",科目汇总表,9,0)"，在科目汇总表第9列查找科目代码为"2202"的金额。

步骤34：选中 G8 单元格，在 G8 单元格或编辑栏中输入公式："=VLOOKUP("2203",科目汇总表,9,0)"，如图7-1-33所示。

【小提示】公式"=VLOOKUP("2203",科目汇总表,9,0)"，在科目汇总表第9列查找科目代码为"2203"的金额。

步骤35：选中 G9 单元格，在 G9 单元格或编辑栏中输入公式："=VLOOKUP("2211",科目汇总表,9,0)"，如图7-1-34所示。

图 7-1-33　输入"预收账款"公式

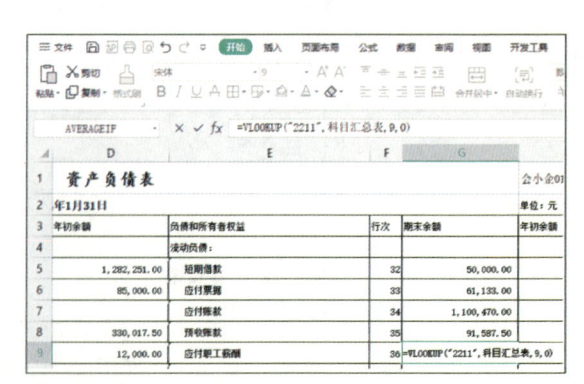

图 7-1-34　输入"应付职工薪酬"公式

【小提示】公式"=VLOOKUP("2211",科目汇总表,9,0)",在科目汇总表第9列查找科目代码为"2211"的金额。

步骤36：选中G10单元格，在G10单元格或编辑栏中输入公式："=VLOOKUP("2221",科目汇总表,9,0)"，如图7-1-35所示。

【小提示】公式"=VLOOKUP("2221",科目汇总表,9,0)"，在科目汇总表第9列查找科目代码为"2221"的金额。

步骤37：选中G11单元格，在G11单元格或编辑栏中输入公式："=VLOOKUP("2231",科目汇总表,9,0)"，如图7-1-36所示。

图7-1-35　输入"应交税费"公式

图7-1-36　输入"应付利息"公式

【小提示】公式"=VLOOKUP("2231",科目汇总表,9,0)"，在科目汇总表第9列查找科目代码为"2231"的金额。

步骤38：选中G13单元格，在G13单元格或编辑栏中输入公式："=VLOOKUP("2241",科目汇总表,9,0)"，如图7-1-37所示。

图7-1-37　输入"其他应付款"公式

【小提示】公式"=VLOOKUP("2241",科目汇总表,9,0)"，在科目汇总表第9列查找科目代码为"2241"的金额。

步骤 39：选中 G16 单元格，在 G16 单元格或编辑栏中输入公式："＝SUM（G5：G15）"，如图 7-1-38 所示。

图 7-1-38　输入"流动负债合计"公式

【小提示】公式"＝SUM（G5：G15）"，表示 G5 到 G15 单元格区域范围内金额相加。

步骤 40：选中 G18 单元格，在 G18 单元格或编辑栏中输入公式："＝VLOOKUP("2501"，科目汇总表，9，0)"，如图 7-1-39 所示。

【小提示】公式"＝VLOOKUP("2501"，科目汇总表，9，0)"，在科目汇总表第 9 列查找科目代码为"2501"的金额。

步骤 41：选中 G22 单元格，在 G22 单元格或编辑栏中输入公式："＝SUM（G18：G21）"，如图 7-1-40 所示。

图 7-1-39　输入"长期借款"公式

图 7-1-40　输入"非流动负债合计"公式

【小提示】公式"＝SUM（G18：G21）"，表示 G18 到 G21 单元格区域范围内金额相加。

步骤 42：选中 G23 单元格，在 G23 单元格或编辑栏中输入公式："＝G16+G22"，如图 7-1-41 所示。

图 7-1-41　输入"负债合计"公式

【小提示】公式"=G16+G22",表示 G16 单元格的值加上 G22 单元格的值。

步骤 43：选中 G31 单元格,在 G31 单元格或编辑栏中输入公式："=VLOOKUP("3001",科目汇总表,9,0)",如图 7-1-42 所示。

【小提示】公式"=VLOOKUP("3001",科目汇总表,9,0)",在科目汇总表第 9 列查找科目代码为"3001"的金额。

步骤 44：选中 G33 单元格,在 G33 单元格或编辑栏中输入公式："=VLOOKUP("3101",科目汇总表,9,0)",如图 7-1-43 所示。

图 7-1-42　输入"实收资本(或股本)"公式

图 7-1-43　输入"盈余公积"公式

【小提示】公式"=VLOOKUP("3101",科目汇总表,9,0)",在科目汇总表第 9 列查找科目代码为"3101"的金额。

步骤 45：选中 G34 单元格,在 G34 单元格或编辑栏中输入公式："=VLOOKUP("3103",科目汇总表,9,0)+VLOOKUP("3104",科目汇总表,9,0)",如图 7-1-44 所示。

【小提示】公式"=VLOOKUP("3103",科目汇总表,9,0)+VLOOKUP("3104",科目汇总表,9,0)",在科目汇总表第 9 列查找科目代码为"3103"的金额,在科目汇总表第 9 列查找科目代码为"3104"的金额,两者相加。

步骤46：选中G35单元格，在G35单元格或编辑栏中输入公式："=SUM(G31：G34)"，如图7-1-45所示。

图7-1-44　输入"未分配利润"公式

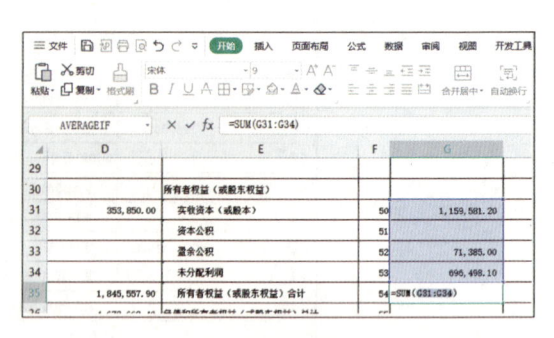

图7-1-45　输入"所有者权益(或股东权益)合计"公式

【小提示】公式"=SUM(G31：G34)"，表示单元格G31到G34区域范围内金额相加。

步骤47：选中G36单元格，在G36单元格或编辑栏中输入公式："=G23+G35"，如图7-1-46所示。

图7-1-46　输入"负债和所有者权益(或股东权益)合计"公式

【小提示】公式"=G23+G35"，表示单元格G23的值加上单元格G35的值。

步骤48：按住"Ctrl"键选择A3、E3、A36、E36单元格，C3：D3、G3：H3单元格区域，B、F列，单击"开始"选项卡，在功能区中选择"水平居中"。

步骤49：选择H1：H2单元格区域，单击"开始"选项卡，在功能区中选择"右对齐"。

最终结果如图 7-1-47 所示。

资产负债表

会小企01表

编制单位：诚品信息科技有限公司　　编制日期：2024年1月31日　　单位：元

资产	行次	期末余额	年初余额	负债和所有者权益	行次	期末余额	年初余额
流动资产：				流动负债：			
货币资金	1	930,433.81	1,282,251.00	短期借款	32	50,000.00	
短期投资	2	55,000.00	85,000.00	应付票据	33	61,133.00	
应收票据	3	540,000.00		应付账款	34	1,100,470.00	87,340.00
应收账款	4	315,842.25	330,017.50	预收账款	35	91,587.50	
预付账款	5	25,040.00	12,000.00	应付职工薪酬	36	177,909.44	173,552.51
应收股利	6			应交税费	37	541,000.11	540,206.72
应收利息	7			应付利息	38	23,350.00	
其他应收款	8	10,139.45	2,000.00	应付利润	39		
存货	9	546,137.46	1,121,842.00	其他应付款	40	11,660.00	
其中：原材料	10	121,690.80	105,800.00	其他流动负债	41		
在产品	11	0.00	190,240.00	一年内到期的非流动负债	42		
库存商品	12	410,542.66	825,802.00	流动负债合计	43	2,057,110.05	801,099.23
周转材料	13	13,904.00		非流动负债：			
一年内到期的非流动资产	14			长期借款	44	230,000.00	1,500,000.00
其他流动资产	15			长期应付款	45		
流动资产合计	16	2,422,592.97	2,833,110.50	递延收益	46		
非流动资产：				其他非流动负债	47		
长期债券投资	17	300,000.00		非流动负债合计	48	230,000.00	1,500,000.00
长期股权投资	18			负债合计	49	2,287,110.05	2,301,099.23
固定资产原价	19	1,314,600.00	1,507,550.00				
减：累计折旧	20	86,968.62	73,662.10				
固定资产账面价值	21	1,227,631.38	1,433,887.90				
在建工程	22		57,820.00				
工程物资	23						
固定资产清理	24	10,500.00					
生产性生物资产	25			所有者权益（或股东权益）			
无形资产	26	253,850.00	353,850.00	实收资本（或股本）	50	1,159,581.20	2,000,000.00
开发支出	27			资本公积	51		
长期待摊费用	28			盈余公积	52	71,385.00	29,053.50
其他非流动资产	29			未分配利润	53	696,498.10	348,515.67
非流动资产合计	30	1,791,981.38	1,845,557.90	所有者权益（或股东权益）合计	54	1,927,464.30	2,377,569.17
资产总计	31	4,214,574.35	4,678,668.40	负债和所有者权益（或股东权益）总计	55	4,214,574.35	4,678,668.40
单位负责人：		财务负责人：		财务主管：		编制人：	

图 7-1-47　诚品信息科技有限公司资产负债表

任务 1.2　发布资产负债表

知识点分析

Excel 具有网页发布功能，利用它能够将工作簿或工作簿里的部分内容保存为 HTML 格式的网页文件，传送到单位的网站上去进行发布，供更多的人浏览使用。

发布资产负债表

任务实施

步骤 01：选择"资产负债表"工作表，打开"文件"选项卡，在"文件"下拉列表中选择"另存为"，如图 7-1-48 所示。

步骤02：弹出的"另存为"对话框中，在"文件类型"下拉列表中选择"网页文件（*htm，html）"，单击"保存"按钮，如图7-1-49所示。

图7-1-48　选择"另存为"

图7-1-49　保存为"网页文件（*htm，html）"

最终结果如图7-1-50所示。

图7-1-50　发布诚品信息科技有限公司资产负债表

任务实训

打开"项目七-练习（答题单据）.xlsx"Excel文件，找到对应工作表，完成以下操作：

练习：请制作一张资产负债表，样式如图7-1-51所示。

146

项目七 财务报表

资产负债表

编制单位：友安食品有限公司　　编制日期：2024年1月31日　　　　　　　　　　　　　　　　　　会小企01表　单位：元

资产	行次	期末余额	年初余额	负债和所有者权益	行次	期末余额	年初余额
流动资产：				流动负债：			
货币资金	1	8,952,261.27	782,251.00	短期借款	32	250,000.00	350,000.00
短期投资	2	85,000.00	85,000.00	应付票据	33	-	-
应收票据	3	-	-	应付账款	34	-	87,340.00
应收账款	4	-	807,667.50	预收账款	35	12,000.00	-
预付账款	5	-	12,000.00	应付职工薪酬	36	157,309.50	173,552.51
应收股利	6	-	-	应交税费	37	878,344.66	754,006.72
应收利息	7	-	-	应付利息	38	-	-
其他应收款	8	300.00	2,000.00	应付利润	39	-	-
存货	9	4,304,749.24	8,141,842.00	其他应付款	40	20,000.00	2,000.00
其中：原材料	10	417,406.00	1,381,972.00	其他流动负债	41		
在产品	11	244,498.43	1,463,170.00	一年内到期的非流动负债	42		
库存商品	12	3,642,844.81	5,246,700.00	流动负债合计	43	1,317,654.16	1,366,899.23
周转材料	13		50,000.00	非流动负债：			
一年内到期的非流动资产	14			长期借款	44	-	-
其他流动资产	15			长期应付款	45	-	-
流动资产合计	16	13,342,310.51	9,830,760.50	递延收益	46		
非流动资产：				其他非流动负债	47		
长期债券投资	17	-	-	非流动负债合计	48	-	-
长期股权投资	18	-	-	负债合计	49	1,317,654.16	1,366,899.23
固定资产原价	19	1,637,070.00	1,507,550.00				
减：累计折旧	20	76,477.40	53,662.10				
固定资产账面价值	21	1,560,592.60	1,453,887.90				
在建工程	22	-	57,820.00				
工程物资	23	-	-				
固定资产清理	24						
生产性生物资产	25			所有者权益（或股东权益）			
无形资产	26			实收资本（或股本）	50	5,192,000.00	3,000,000.00
开发支出	27			资本公积	51	-	1,250,000.00
长期待摊费用	28			盈余公积	52	89,053.50	89,053.50
其他非流动资产	29			未分配利润	53	8,304,195.45	5,636,515.67
非流动资产合计	30	1,560,592.60	1,511,707.90	所有者权益（或股东权益）合计	54	13,585,248.95	9,975,569.17
资产总计	31	14,902,903.11	11,342,468.40	负债和所有者权益（或股东权益）总计	55	14,902,903.11	11,342,468.40

单位负责人：　　　　　　财务负责人：　　　　　　财务主管：　　　　　　编制人：

图 7-1-51

任务评价

同学们，本任务的学习结束了，请你对以下内容进行评价：

评价项目	评价内容	分数	自我评分	小组评分	教师评分
任务实施（60分）	是否掌握资产负债表的创建方法	30分			
	是否掌握定义表格名称的用处	30分			
工作态度（20分）	工作积极性	5分			
	工作责任心	5分			
	工作责任感	5分			
	工作效率	5分			
职业素养（20分）	团队协作	5分			
	沟通表达	5分			
	认真严谨	10分			

147

任务 2　利润表

任务背景

利润表是反映企业在一定会计期间生产经营成果的报表，可以反映企业经营业绩的主要来源和构成，反映企业在一定会计期间收入、费用、利润（或亏损）的数额、构成情况，帮助报表使用者全面了解企业的经营成果、判断净利润的质量及其风险、分析企业的盈利能力、预测净利润的持续性等，帮助报表使用者判断企业未来的发展趋势。

公司财务部会计孙小楠月末利用 WPS 表格编制利润表，如图 7-2-1 所示。

利润表				会小企02表
编制单位：	编制时间：			单位：元
项目		行次	本年累计金额	本月金额
一、营业收入		1		
减：营业成本		2		
税金及附加		3		
其中：消费税		4		
城市维护建设税		5		
资源税		6		
土地增值税		7		
城镇土地使用税、房产税、车船税、印花税		8		
教育费附加、矿产资源补偿费、排污费		9		
销售费用		10		
其中：商品维修费		11		
广告费和业务宣传费		12		
管理费用		13		
其中：开办费		14		
业务招待费		15		
研究费用		16		
财务费用		17		
其中：利息费用（收入以"-"号填列）		18		
加：投资收益（损失以"-"号填列）		19		
二、营业利润（亏损以"-"号填列）		20		
加：营业外收入		21		
其中：政府补助		22		
减：营业外支出		23		
其中：坏账损失		24		
无法收回的长期债券投资损失		25		
无法收回的长期股权投资损失		26		
自然灾害等不可抗力因素造成的损失		27		
税收滞纳金		28		
三、利润总额（亏损总额以"-"号填列）		29		
减：所得税费用		30		
四、净利润（净亏损以"-"号填列）		31		
单位负责人：	财务负责人：	财务主管：		编制人：

图 7-2-1　利润表

任务分析

本次任务共分为两个子任务：①编制利润表；②发布利润表。

任务 2.1　编制利润表

知识点分析

一、利润表的创建需要运用以下知识点

(1) 设置表格边框。

(2) 标题合并单元格。

二、"本月金额"的计算需要运用以下知识点

(1) VLOOKUP 函数解析。VLOOKUP 函数是用于在数据表中进行垂直查找的函数。在表格或数值数组的首列查找指定的数值，并由此返回表格或数组当前行中指定列的数值。VLOOKUP 函数有四个参数，语法 = VLOOKUP（要查找的值，要查找的区域，返回数据在查找的区域的列数，近似匹配/精确匹配）。

(2) SUM 函数解析。SUM 函数指的是返回某一单元格区域中数字、逻辑值及数字的文本表达式之和。SUM 函数是一个数学和三角函数，可将值相加。可以将单个值、单元格引用或是区域相加，或者将三者的组合相加。

编制利润表

任务实施

步骤 01：打开"项目七（答题单据）.xlsx" Excel 文件，打开工作表"利润表"，如图 7-2-2 所示。

步骤 02：在"利润表"工作表中，选择 A1：C2 单元格区域，单击"开始"选项卡，在功能区中选择"合并居中"，再单击"B"加粗，如图 7-2-3 所示。

图 7-2-2　打开工作表

图 7-2-3　选择"合并居中"

步骤 03：设置行高列宽。

(1) 选择 1 到 36 行，鼠标右键单击，选择"行高"，选择"最适合的行高"；

(2) 选择 A 列，鼠标右键单击，选择"列宽"，输入列宽为 52；

(3) 选择 B 列，鼠标右键单击，选择"列宽"，输入列宽为 8；

（4）选择 C 到 D 列，鼠标右键单击，输入列宽为 20，如图 7-2-4 所示。

步骤 04：设置字体字号。选择 A1 单元格，单击"开始"选项卡，在功能区中单击"字号"，选择 16 字号。

步骤 05：设置数字格式。C、D 列，鼠标右键单击，选择"设置单元格格式"。

步骤 06：在弹出"单元格格式"对话框中，打开"数字"选项卡，在"分类"列表中选择"数值"，勾选"使用千位分隔符"，在"负数"区域中选择"-1,234.10"，单击"确定"按钮，如图 7-2-5 所示。

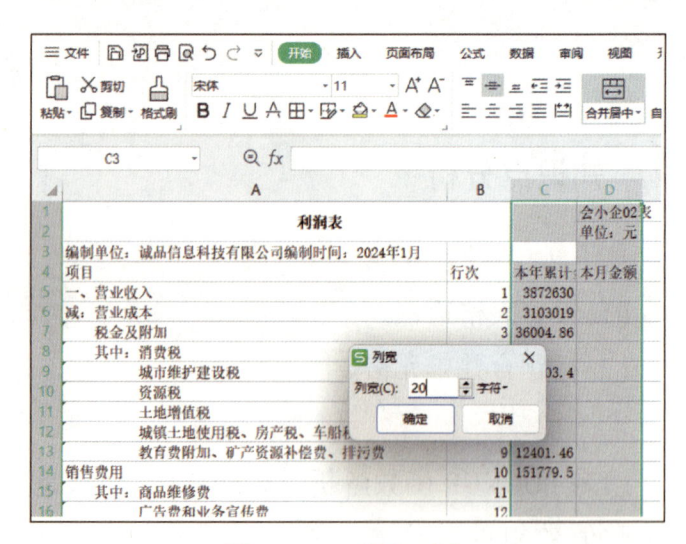

图 7-2-4　输入列宽

步骤 07：打开工作表"科目汇总表"，选择 A2：I110 单元格区域，按"Ctrl"+"T"组合键，在弹出的"创建表"的窗口中，取消"筛选按钮"选框，如图 7-2-6 所示。

图 7-2-5　选择"数值"格式

图 7-2-6　选择"创建表"

步骤 08：单击"表格工具"选项卡，在功能区中修改表名称为"科目汇总表"，如图 7-2-7 所示。

图 7-2-7　修改表名称

步骤09：选中 D5 单元格，在 D5 单元格或编辑栏中输入公式："=VLOOKUP("5001"，科目汇总表，7，0)+VLOOKUP("5051"，科目汇总表，7，0)"，如图 7-2-8 所示。

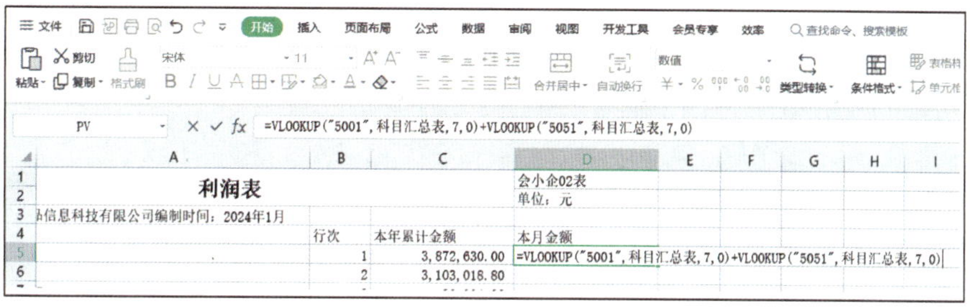

图 7-2-8　输入"营业收入"公式

【小提示】 公式"=VLOOKUP("5001"，科目汇总表，7，0)+VLOOKUP("5051"，科目汇总表，7，0)"，在科目汇总表第 7 列查找科目代码为"5001"的金额，在科目汇总表第 7 列查找科目代码为"5051"的金额，这两个科目的金额相加。营业收入=主营业务收入+其他业务收入。

步骤10：选中 D6 单元格，在 D6 单元格或编辑栏中输入公式："=VLOOKUP("5401"，科目汇总表，6，0)+VLOOKUP("5402"，科目汇总表，6，0)"，如图 7-2-9 所示。

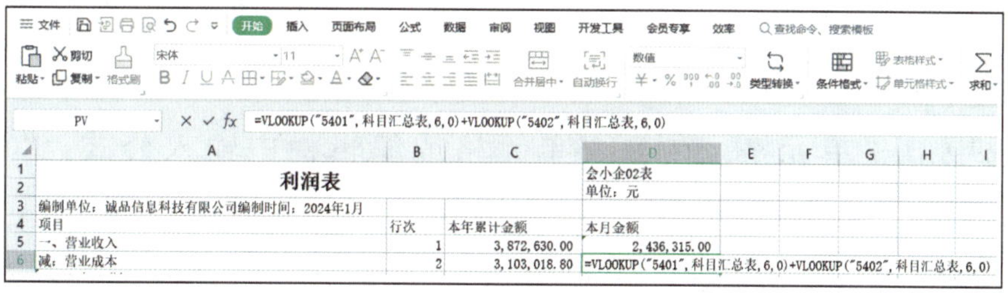

图 7-2-9　输入"营业成本"公式

【小提示】 公式"=VLOOKUP("5401"，科目汇总表，6，0)+VLOOKUP("5402"，科目汇总表，6，0)"，在科目汇总表第 6 列查找科目代码为"5401"的金额，在科目汇总表第 6 列查找科目代码为"5402"，这两个科目的金额相加。营业成本=主营业务成本+其他业务成本。

步骤11：选中 D7 单元格，在 D7 单元格或编辑栏中输入公式："=VLOOKUP("5403"，科目汇总表，6，0)"，如图 7-2-10 所示。

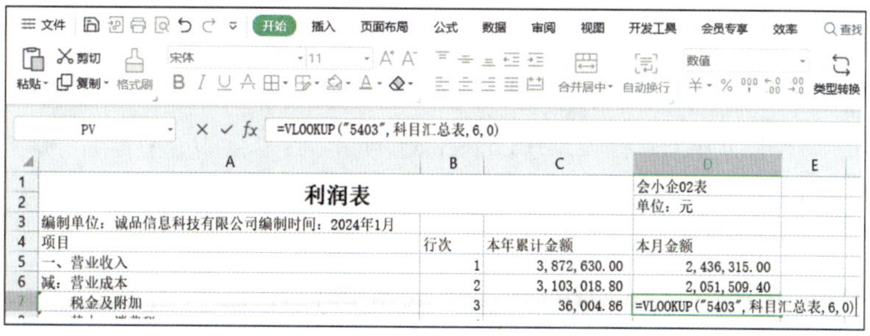

图 7-2-10　输入"税金及附加"公式

【小提示】公式"=VLOOKUP("5403"，科目汇总表，6，0)"，在科目汇总表第6列查找科目代码为"5403"的金额。

步骤12：选中D9单元格，在D9单元格或编辑栏中输入公式："=VLOOKUP("222108"，科目汇总表，9，0)"，如图7-2-11所示。

图7-2-11 输入"城市维护建设税"公式

【小提示】公式"=VLOOKUP("222108"，科目汇总表，9，0)"，在科目汇总表第9列查找科目代码为"222108"的金额。

步骤13：选中D13单元格，在D13单元格或编辑栏中输入公式："=VLOOKUP("222113"，科目汇总表，9，0)"，如图7-2-12所示。

图7-2-12 输入"教育费附加矿产资源补偿费、排污费"公式

【小提示】公式"=VLOOKUP("222113"，科目汇总表，9，0)"，在科目汇总表第9列查找科目代码为"222113"的金额。

步骤14：选中D14单元格，在D14单元格或编辑栏中输入公式："=VLOOKUP("5601"，科目汇总表，6，0)"，如图7-2-13所示。

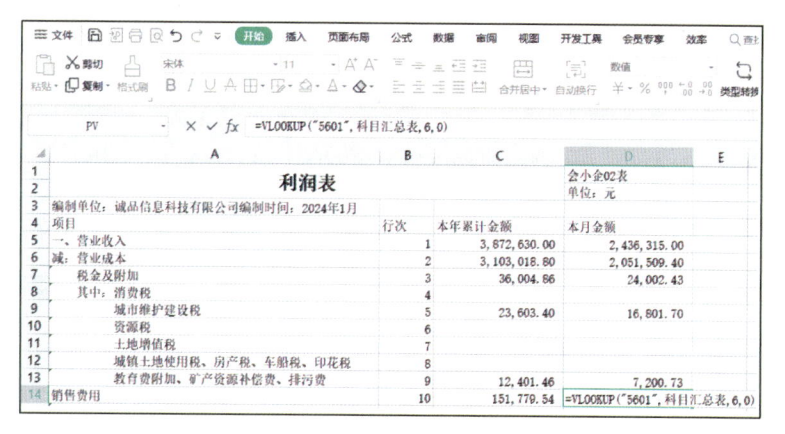

图 7-2-13　输入"销售费用"公式

【小提示】公式"=VLOOKUP("5601",科目汇总表,6,0)",在科目汇总表第6列查找科目代码为"5601"的金额。

步骤15：选中 D17 单元格，在 D17 单元格或编辑栏中输入公式："=VLOOKUP("5602",科目汇总表,6,0)"，如图 7-2-14 所示。

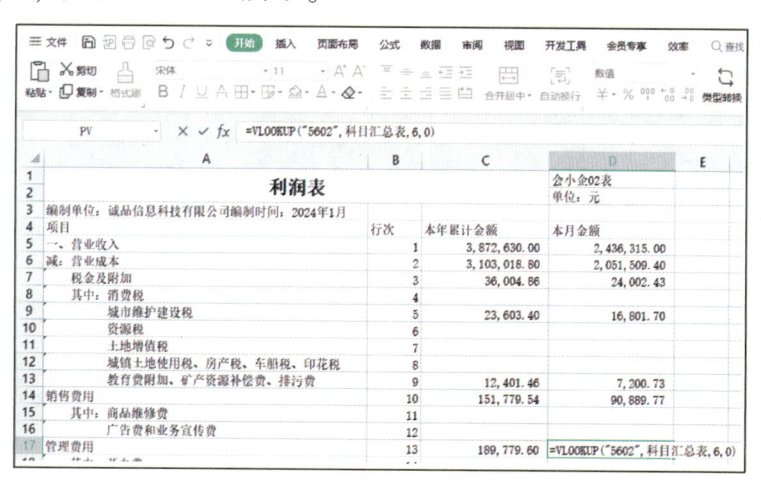

图 7-2-14　输入"管理费用"公式

【小提示】公式"=VLOOKUP("5602",科目汇总表,6,0)"，在科目汇总表第6列查找科目代码为"5602"的金额。

步骤16：选中 D21 单元格，在 D21 单元格或编辑栏中输入公式："=VLOOKUP("5603",科目汇总表,6,0)"，如图 7-2-15 所示。

图 7-2-15　输入"财务费用"公式

153

【小提示】公式"=VLOOKUP("5603"，科目汇总表，6，0)"，在科目汇总表第6列查找科目代码为"5603"的金额。

步骤17：选中D24单元格，在D24单元格或编辑栏中输入公式："=D5-D6-D7-D14-D17-D21"，如图7-2-16所示。

图7-2-16　输入"营业利润"公式

【小提示】公式"=D5-D6-D7-D14-D17-D21"，表示D5单元格的值减去D6单元格的值，再减去D7单元格的值，再减去D14单元格的值，再减去D17单元格的值，最后减去D21单元格的值。

步骤18：选中D25单元格，在D25单元格或编辑栏中输入公式："=VLOOKUP("5301"，科目汇总表，7，0)"，如图7-2-17所示。

图7-2-17　输入"营业外收入"公式

【小提示】公式"=VLOOKUP("5301"，科目汇总表，7，0)"，在科目汇总表第7列查找科目代码为"5301"的金额。

步骤19：选中D27单元格，在D27单元格或编辑栏中输入公式："=VLOOKUP("5711"，科目汇总表，6，0)"，如图7-2-18所示。

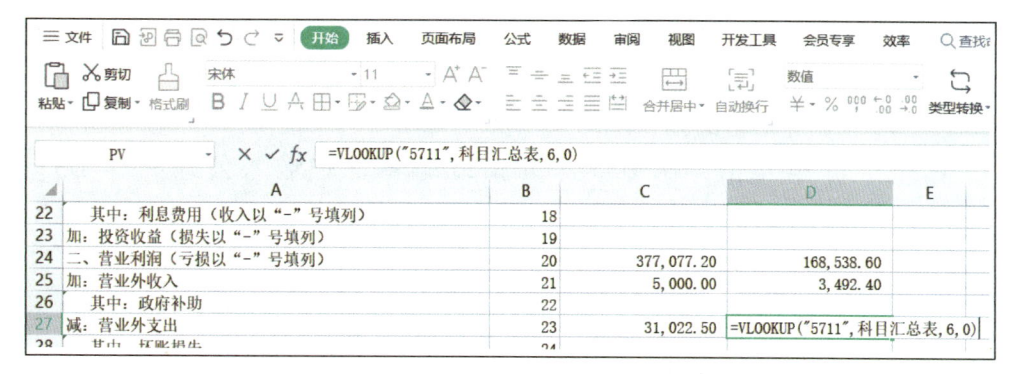

图 7-2-18　输入"营业外支出"公式

【小提示】公式"=VLOOKUP("5711"，科目汇总表，6，0)"，在科目汇总表第6列查找科目代码为"5711"的金额。

步骤 20：选中 D33 单元格，在 D33 单元格或编辑栏中输入公式："=D24+D25-D27"，如图 7-2-19 所示。

图 7-2-19　输入"利润总额"公式

【小提示】公式"=D24+D25-D27"，表示 D24 单元格的值加上 D25 单元格的值再减去 D26 单元格的值。

步骤 21：选中 D34 单元格，在 D34 单元格或编辑栏中输入公式："=VLOOKUP("5801"，科目汇总表，6，0)"，如图 7-2-20 所示。

图 7-2-20　输入"所得税费用"公式

155

【小提示】公式"=VLOOKUP("5801"，科目汇总表，6，0)"，在科目汇总表第6列查找科目代码为"5801"的金额。

步骤22：选中D35单元格，在D35单元格或编辑栏中输入公式："=D33-D34"，如图7-2-21所示。

图7-2-21　输入"净利润"公式

【小提示】公式"=D33-D34"，表示D33单元格的值减去D34单元格的值。

步骤23：选中A4：D35单元格区域，单击"开始"选项卡，在功能区中选择"所有框线"。

步骤24：按住"Ctrl"键选择A4单元格、C4：D4单元格区域和B列，单击"开始"选项卡，在功能区中选择"水平居中"，如图7-2-22所示。

图7-2-22　选择"水平居中"

步骤25：选择A3单元格，在"编制日期"前增加适当的空格，如图7-2-23所示。

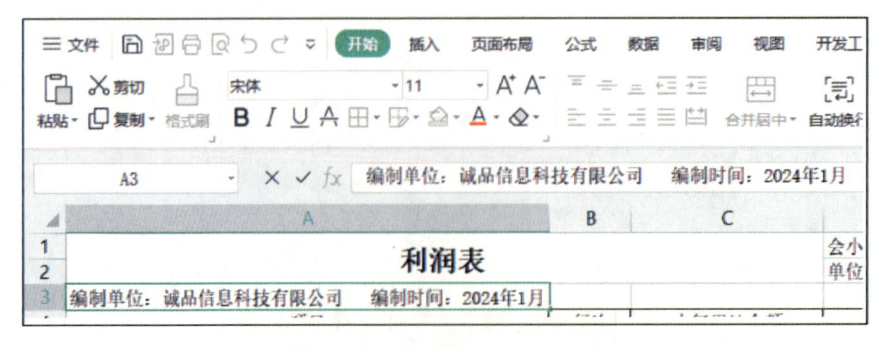

图7-2-23　增加适当的空格

步骤 26：选择 A36 单元格，在"单位负责人：""财务负责人：""财务主管："和"编制人："之间增加适当的空格，如图 7-2-24 所示。

图 7-2-24　增加适当的空格

步骤 27：选中 D1：D2 单元格区域拖动至 D2：D3 单元格区域，单击"开始"选项卡，在功能区中选择"右对齐"。

最终结果如图 7-2-25 所示。

图 7-2-25　诚品信息科技有限公司利润表

任务 2.2　发布利润表

知识点分析

Excel 的网页发布功能允许用户将工作簿的全部或部分保存为静态网页格式。用户可以通过选择"发布为网页"功能，将 Excel 数据转换为网页格式，这样其他人就可以在不安装 Excel 的情况下，通过 Web 浏览器查看和编辑这些数据。

发布利润表

任务实施

步骤01：选择"利润表"工作表，打开"文件"选项卡，在"文件"下拉列表中选择"另存为"，如图7-2-26所示。

步骤02：弹出的"另存为"对话框中，在"文件类型"下拉列表中选择"网页文件（*htm，html）"，单击"保存"按钮，如图7-2-27所示。

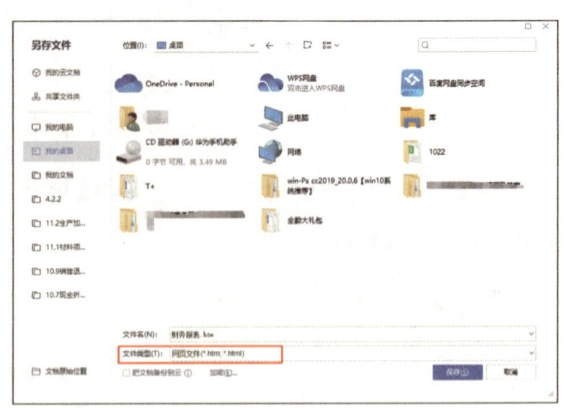

图7-2-26　选择"另存为"　　　　　图7-2-27　保存为"网页文件（*htm，html）"

最终结果如图7-2-28所示。

图7-2-28　发布诚品信息科技有限公司利润表

158

任务实训

打开"项目七-练习(答题单据).xlsx"Excel 文件，找到对应工作表，完成以下操作：

练习：请制作一张利润表，样式如图 7-2-29 所示。

利润表

会小企02表

编制单位：友安食品有限公司　　编制时间：2024年1月　　单位：元

项目	行次	本年累计金额	本月金额
一、营业收入	1	13,587,000.00	6,288,500.00
减：营业成本	2	8,988,834.00	3,994,417.00
税金及附加	3	129,699.02	79,849.51
其中：消费税	4		
城市维护建设税	5	82,720.00	55,894.66
资源税	6		
土地增值税	7		
城镇土地使用税、房产税、车船税、印花税	8	5,290.02	
教育费附加、矿产资源补偿费、排污费	9	41,689.00	23,954.85
销售费用	10	92,986.04	37,493.02
其中：商品维修费	11		
广告费和业务宣传费	12		
管理费用	13	224,259.38	67,129.69
其中：开办费	14		
业务招待费	15		
研究费用	16		
财务费用	17	397,862.00	323,931.00
其中：利息费用（收入以"-"号填列）	18		
加：投资收益（损失以"-"号填列）	19		-
二、营业利润（亏损以"-"号填列）	20	3,753,359.56	1,785,679.78
加：营业外收入	21	85,000.00	85,000.00
其中：政府补助	22		
减：营业外支出	23	12,520.00	-
其中：坏账损失	24		
无法收回的长期债券投资损失	25		
无法收回的长期股权投资损失	26		
自然灾害等不可抗力因素造成的损失	27		
税收滞纳金	28		
三、利润总额（亏损总额以"-"号填列）	29	3,825,839.56	1,870,679.78
减：所得税费用	30	956,459.89	467,669.95
四、净利润（净亏损以"-"号填列）	31	2,869,379.67	1,403,009.84

单位负责人：　　　财务负责人：　　　财务主管：　　　编制人：

图 7-2-29　友安食品有限公司利润表

任务评价

同学们，本任务的学习结束了，请你对以下内容进行评价：

评价项目	评价内容	分数	自我评分	小组评分	教师评分
任务实施（60分）	是否掌握利润表的创建方法	30分			
	是否掌握运用 VLOOKUP 和 SUM 函数计算利润表"本月金额"的填列	30分			

续表

评价项目	评价内容	分数	自我评分	小组评分	教师评分
工作态度 （20分）	工作积极性	5分			
	工作责任心	5分			
	工作责任感	5分			
	工作效率	5分			
职业素养 （20分）	团队协作	5分			
	沟通表达	5分			
	认真严谨	10分			

素养课堂

　　财务报表是企业决策的重要依据，管理人员具备多方面的专业能力和职业素养，才能准确反映企业的财务状况、经营成果和现金流量等财务信息，为企业决策提供有力支持。

　　首先，诚信与职业道德。在财务报表管理中，管理人员应遵循《会计人员职业道德规范》的要求，自觉践行"坚持诚信，守法奉公；坚持准则，守责敬业；坚持学习，守正创新"的规定，确保财务报表的真实性；同时，保守企业机密，维护企业利益。

　　其次，责任心与专业能力。财务报表是企业决策的重要依据，管理人员应具备强烈的责任心，严格执行内控制度和流程，确保财务报表的及时、准确和完整；财务报表涉及大量的数据和信息，管理人员应具备数据分析能力，提出创新的解决方案，为企业决策提供有力支持。

　　最后，创新精神与学习能力。我国的会计准则、财务制度和税法等财税方面的政策在不断更新和完善，管理人员应具备创新精神，保持持续学习的态度，关注行业动态和政策变化，不断提升自己的专业素养。

项目八

财务状况分析报表

通过对企业的财务报表等会计核算资料进行分析，可以对企业财务活动的过程和结果进行研究和评价，评价过去的经营业绩、衡量现在的财务状况、预测未来的发展趋势，为企业的经济决策提供重要的财务信息；也有利于投资者做出投资决策和债权人制定信用政策，还有利于国家财税机关等政府部门加强税收征管工作和正确进行宏观调控。

项目目标

一、学习及评价目标

(1) 掌握销售收入汇总表和门店销售汇总分析、产品成本月度计算表的创建方法。

(2) 掌握运用 SUMIF、SUMIFS 和 SUM 函数计算上年度、本年度甲、乙、丙产品的销售金额。

(3) 掌握运用 VLOOKUP、ROUND、SUMIF 和 SUM 函数计算本月甲、乙、丙产品成本的情况。

(4) 掌握指定名称的使用方法。

(5) 掌握迷你图的使用方法。

(6) 掌握数据透视表、数据透视图的使用方法。

二、素养目标

(1) 培养积极参与管理的职业素养。

(2) 培养利用科技创新，不断降低成本的职业素养。

(3) 培养不断提供更好的财务管理服务的意识。

任务 1　销售收入分析的设置

任务背景

市场部市场专员刘小清根据公司的销售业绩,制作销售收入汇总表,如图 8-1-1 所示。

图 8-1-1　销售收入汇总表

任务分析

为了制作完成这张销售收入汇总表,刘小清了解到销售收入汇总表必须包含"甲产品""乙产品""丙产品""合计""1月""2月""3月""4月""5月"和"6月"的销售信息。

本次任务共分为两个子任务:①创建销售收入汇总表;②建立门店销售汇总分析。

任务 1.1　创建销售收入汇总表

知识点分析

一、销售收入汇总表的创建需要运用以下知识点

(1)设置表格边框。

(2)标题合并单元格。

二、"甲产品""乙产品""丙产品"和"合计"的计算需要运用以下知识点

(1)SUMIF 函数解析。SUMIF 函数是用来根据指定条件对若干单元格进行求和(即按条件求和)。SUMIF 函数有三个参数,语法=SUMIF(条件区域,求和条件,实际求和区域),第二个求和条件参数在第一个条件区域里。

(2)SUMIFS 函数解析。SUMIFS 函数是一个数学与三角函数,用于计算其满足多个条件的全部参数的总量。VLOOKUP函数用来核对数据，多个表格之间快速导入数据等函数功能。语法=SUMIFS(求和区域，条件区域1，条件1，条件区域2，条件2，条件区域N，条件N)。

创建销售收入汇总表

三、迷你图的作用

迷你图是存在于单元格中的一种微型图表，它能帮助我们快速识别数据的变化趋势，能够突出显示数据中的最大值最小值，结构简单紧凑。

任务实施

步骤01：打开"项目八(答题单据).xlsx"Excel文件，打开工作表"销售收入汇总表"，如图8-1-2所示。

图8-1-2　打开工作表

步骤02：在"销售汇总表"工作表中，选中A1单元格，输入"销售收入汇总表"。在A2：E2单元格中分别输入"月份""甲产品""乙产品""丙产品"和"合计"。在A3：A9单元格中分别输入"1月""2月""3月""4月""5月""6月"和"合计"，如图8-1-3所示。

步骤03：设置行高列宽。选择2到9行，鼠标右键单击，选择"行高"，输入行高为20。选择1行，鼠标右键单击，选择"行高"，输入行高为25；选择A到E列，鼠标右键单击，选择"列宽"，输入列宽为20，如图8-1-4所示。

图8-1-3　输入销售汇总表表头信息

图8-1-4　输入行高

步骤04：选中A1：E1单元格区域，单击"开始"选项卡，在功能区中选择"合并居中"，再单击"B"加粗，如图8-1-5所示。

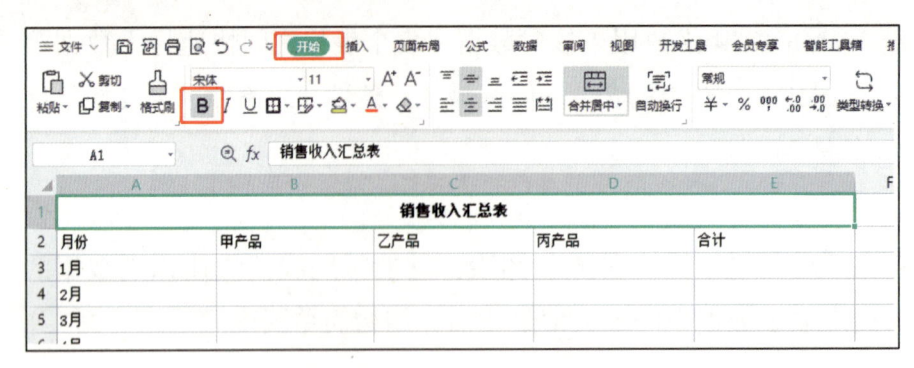

图 8-1-5 选择"合并居中"

步骤 05：选中 A2：E9 单元格区域，单击"开始"选项卡，在功能区中选择"所有框线"，再单击"粗匣框线"，如图 8-1-6 所示。

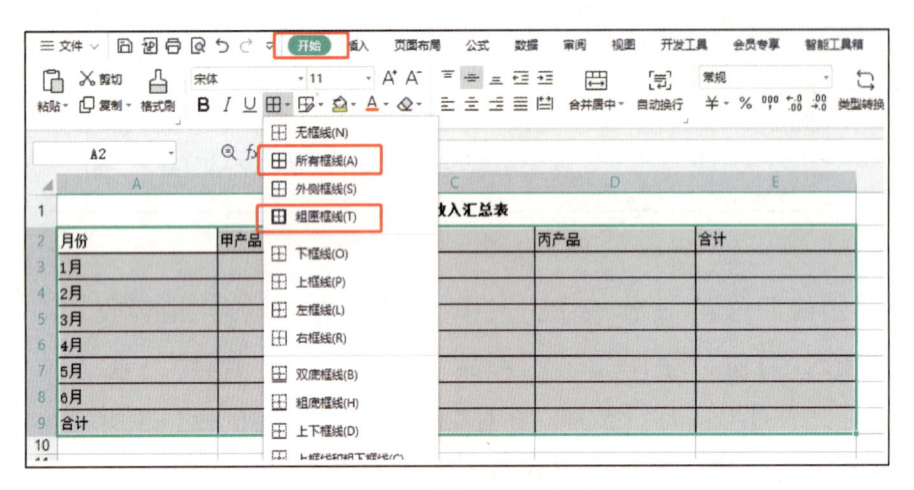

图 8-1-6 选择"粗匣框线"

步骤 06：选中 A2：E9 单元格区域，单击"开始"选项卡，在功能区中选择"水平居中"，如图 8-1-7 所示。

图 8-1-7 选择"水平居中"

步骤 07：设置数字格式。选中 B、C、D 和 E 列，单击"开始"选项卡，在功能区中选择"数字格式"下拉列表中，选择"数值"格式并单击"千位分隔样式"，如图 8-1-8 所示。

项目八 财务状况分析报表

图 8-1-8 选择"数值"格式

步骤 08：在"门店销售收入统计表"工作表中，选择 A2：D74 单元格区域，单击"公式"选项卡，在功能区中单击"指定名称"，如图 8-1-9 所示。

步骤 09：指定名称创建于首行。在弹出的"指定名称"的窗口中，取消"最左列"选框，如图 8-1-10 所示。

图 8-1-9 选择"指定名称"　　　　　图 8-1-10 取消"最左列"选框

【小提示】为表格每列指定名称，方便后续使用。

步骤 10：在"销售汇总表"工作表中，选中 B3 单元格，在 B3 单元格或编辑栏中输入公式："=SUMIFS(销售金额,产品名称,B$2,销售月份,$A3)"，如图 8-1-11 所示。

图 8-1-11 输入"甲产品 1 月份销售收入"公式

165

【小提示】公式"=SUMIFS(销售金额,产品名称,B$2,销售月份,$A3)",表示在产品名称区域中查找符合 B2 单元格条件的,和在销售月份区域中查找符合 A3 单元格条件的,在销售金额区域中对符合这两个条件的金额进行求和。

步骤 11：选择 B3 单元格,当鼠标移至 B3 单元格右下角,出现黑色十字时,按住鼠标左键向下拖动到 B8 单元格,如图 8-1-12 所示。

图 8-1-12　选择单元格并向下拖动

步骤 12：选中 B3：B8 单元格区域,当鼠标移至 B8 单元格右下角,出现黑色十字时,按住鼠标左键向右拖动到 D8 单元格,如图 8-1-13 所示。

图 8-1-13　选择单元格并向右拖动

步骤 13：选中 E3 单元格,在 E3 单元格或编辑栏中输入公式："=SUM(B3：D3)",如图 8-1-14 所示。

图 8-1-14　输入"1 月份甲、乙和丙产品销售收入合计"公式

【小提示】公式"=SUM(B3：D3)"，表示 B3 到 D3 单元格区域范围内金额相加。

步骤 14：选择 E3 单元格，当鼠标移至 E3 单元格右下角，出现黑色十字时，按住鼠标左键向下拖动到 E9 单元格，如图 8-1-15 所示。

图 8-1-15　选择单元格并向下拖动

步骤 15：选中 B9 单元格，在 B9 单元格或编辑栏中输入公式："=SUM(B3：B8)"，如图 8-1-16 所示。

图 8-1-16　输入"甲产品 1~6 月销售收入合计"公式

【小提示】公式"=SUM(B3：B8)"，表示 B3 到 B8 单元格区域范围内金额相加。

步骤 16：选中 B9 单元格，当鼠标移至 B9 单元格右下角，出现黑色十字时，按住鼠标左键向右拖动到 D9 单元格，如图 8-1-17 所示。

图 8-1-17　选择单元格并向右拖动

167

步骤 17：选中 B10：D10 单元格区域，单击"插入"选项卡，在功能区中选择"折线"迷你图，如图 8-1-18 所示。

图 8-1-18　选择"折线"迷你图

步骤 18：在弹出的"创建迷你图"的对话框中，数据范围输入"B3：D8"，单击"确定"按钮，如图 8-1-19 所示。

步骤 19：选中 B3：E9 单元格区域，单击"开始"选项卡，在功能区中选择"右对齐"，如图 8-1-20 所示。

图 8-1-19　创建迷你图

图 8-1-20　选择"右对齐"

最终结果如图 8-1-21 所示。

图 8-1-21　诚品信息科技有限公司销售收入汇总表

任务1.2　建立门店销售汇总分析

知识点分析

数据透视表是一种非常实用的数据处理工具，它能够帮助用户以更加高效便捷的方式进行数据处理和分析并支持更深入、更直观的数据探究和分析，对各种工作和决策都有很大的帮助。

数据透视表的作用主要有以下几个方面：

（1）整理数据。数据透视表能够自动整理大量的数据，减少重复劳动，提高数据处理效率。

（2）快速分析。通过数据透视表可以快速地对大量数据进行各种统计分析，例如最大值、最小值、平均值、总和等统计量。

（3）深度分析。数据透视表不仅能对数据进行浅层的统计和分析，还可以对数据进行更深入的探究和分析，例如，对数据的趋势、分布等方面进行分析。

（4）发现问题。通过数据透视表对数据进行分析，可以发现数据中存在的问题和异常，从而采取相应措施进行解决。

（5）提高决策效率。数据透视表能够以直观、简洁的方式呈现数据，帮助用户更快地作出决策。

（6）可视化数据。通过将数据透视表与图表结合使用，能够更加直观地展现数据，更好地传达分析结果。

任务实施

步骤01： 打开"项目八（答题单据）.xlsx" Excel 文件，新建名为"门店销售汇总分析"的工作表，并把工作表拖曳至"销售收入汇总表"后面，如图 8-1-22、图 8-1-23 所示。

图 8-1-22　新建工作表

图 8-1-23　拖曳至"销售收入汇总表"后

步骤02： 在 A1 单元格中输入"销售门店"，在 B1 单元格中输入"销售金额"。在 A2：A5 单元格区域中分别输入"一店""二店""三店"和"四店"，如图 8-1-24 所示。

步骤03： 选中 A1：B5 单元格区域，单击"开始"选项卡，单击功能区"水平居中"，再单击"所有框线"，如图 8-1-25 所示。

图 8-1-24　输入信息

169

步骤04：选择 A 到 B 列，鼠标右键单击，选择"列宽"，输入列宽为 20，如图 8-1-26 所示。

图 8-1-25 选择"所有框线"

图 8-1-26 输入列宽

步骤05：设置数字格式。选中 B2：B5 单元格区域，单击"开始"选项卡，在功能区中选择"数字格式"下拉列表中，选择"数值"格式并单击"千位分隔样式"，如图 8-1-27 所示。

图 8-1-27 选择"数值"格式

步骤06：选中 B2 单元格，在 B2 单元格或编辑栏中输入公式："=SUMIF(销售门店，A2，销售金额)"，如图 8-1-28 所示。

图 8-1-28 输入"一店销售金额"公式

【小提示】公式"=SUMIF(销售门店，A2，销售金额)"，表示在销售门店区域中查找符合 A2 单元格条件的，在销售金额区域对于符合条件的函数进行求和。

步骤07：当鼠标移至 B2 单元格右下角，出现黑色十字时，按住鼠标左键向下拖动到 B5 单元格，如图 8-1-29 所示。

项目八　财务状况分析报表

图 8-1-29　选择单元格并向下拖动

步骤 08：选择 D2 单元格，单击"插入"选项卡，单击功能区"数据透视表"，如图 8-1-30 所示。

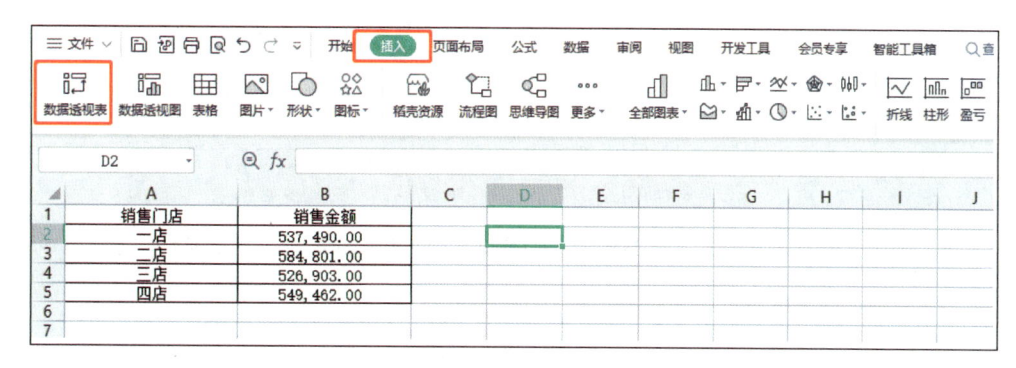

图 8-1-30　选择"数据透视表"

步骤 09：在弹出的"创建数据透视表"对话框中，单元区域选择"门店销售收入统计表! $A$2:$D$74"，单击"确定"按钮，如图 8-1-31 所示。

图 8-1-31　创建数据透视表

171

步骤 10：在右侧的"字段列表"中，将"销售金额"字段放置于"值"区域，将"销售月份"字段放置于"列"区域，将"产品名称"字段放置于"行"区域，如图 8-1-32 所示。

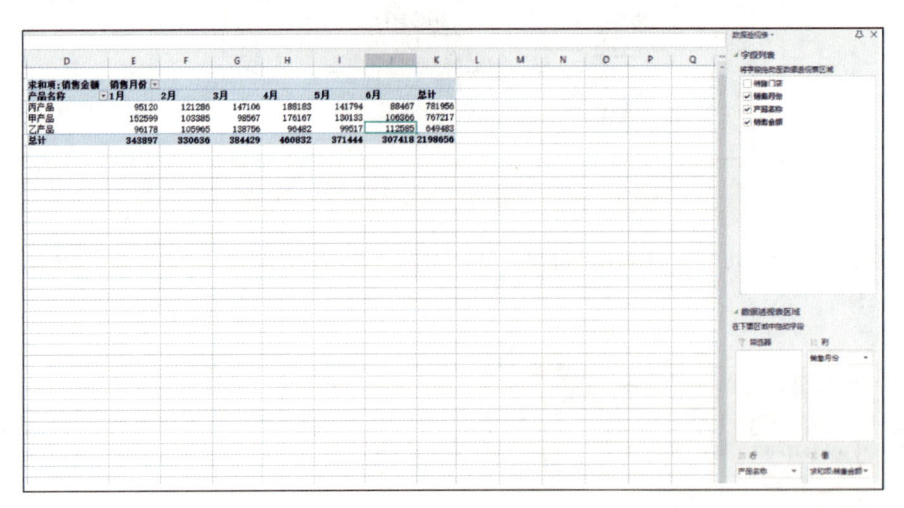

图 8-1-32　设置字段

步骤 11：单击"分析"选项卡，在功能区中选择"数据透视图"，如图 8-1-33 所示。

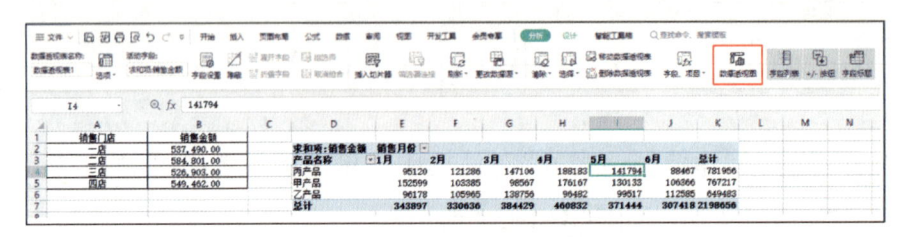

图 8-1-33　选择"数据透视图"

步骤 12：在弹出的"图表"对话框中，在"柱形图"下拉列表中选择"簇状柱形图"，如图 8-1-34 所示。

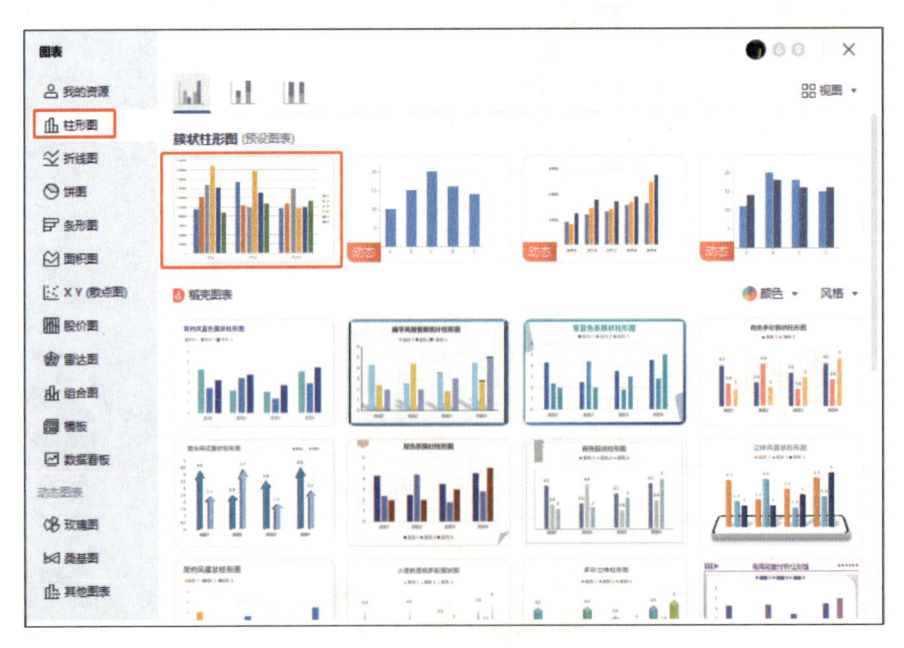

图 8-1-34　选择"簇状柱形图"

步骤 13：单击"分析"选项卡，在功能区中选择"插入切片器"，如图 8-1-35 所示。

图 8-1-35　选择"插入切片器"

步骤 14：在弹出的"插入切片器"对话框中，选择"销售门店"，单击"确定"按钮，如图 8-1-36 所示。

步骤 15：在销售门店的切片器中，可对不同门店的数据进行分析，如图 8-1-37 所示。

图 8-1-36　选择"销售门店"　　　　图 8-1-37　销售门店切片器

步骤 16：选中 E4：K7 单元格区域，单击"开始"选项卡，在功能区中选择"千位分隔符"，如图 8-1-38 所示。

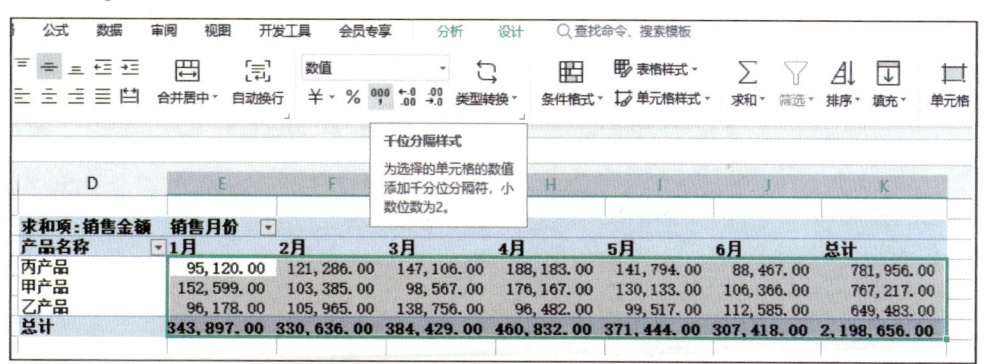

图 8-1-38　选择"千位分隔符"

173

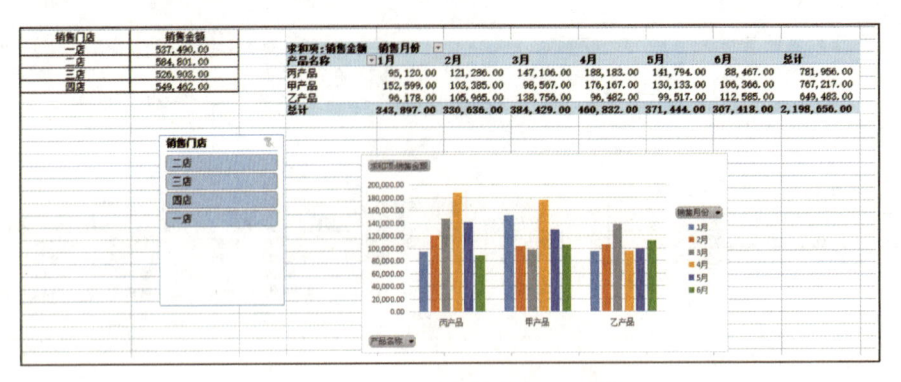

最终结果如图 8-1-39 所示。

图 8-1-39　门店销售汇总分析

任务实训

打开"项目八-练习(答题单据).xlsx"Excel 文件，找到对应工作表，完成以下操作：

练习：请制作一张友安食品有限公司各月份销售收入的数据分析表，样式如图 8-1-40、图 8-1-41 所示。

图 8-1-40　友安食品有限公司各月份销售收入数据分析表

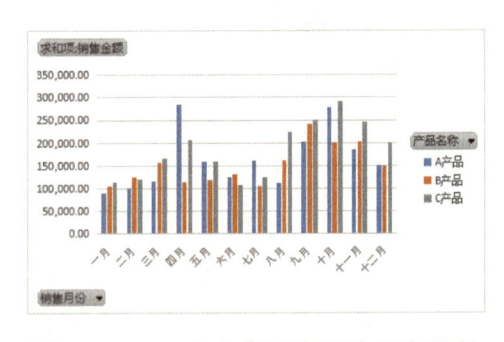

图 8-1-41　友安食品有限公司各月份销售收入数据分析图

任务评价

同学们，本任务的学习结束了，请你对以下内容进行评价：

评价项目	评价内容	分数	自我评分	小组评分	教师评分
任务实施（60 分）	是否熟练掌握销售收入汇总表和门店销售汇总分析的创建方法	20 分			
	是否熟练运用 SUMIF、SUMIFS 和 SUM 函数计算上年度和本年度甲、乙、丙产品的销售金额	10 分			
	是否掌握数据透视图的使用方法	30 分			

续表

评价项目	评价内容	分数	自我评分	小组评分	教师评分
工作态度（20分）	工作积极性	5分			
	工作责任心	5分			
	工作责任感	5分			
	工作效率	5分			
职业素养（20分）	团队协作	5分			
	沟通表达	5分			
	认真严谨	10分			

任务 2 生产成本分析

任务背景

财务部会计孙小楠根据公司产品成本的构成情况，制作产品成本月度计算表，如图 8-2-1 所示。

	A	B	C	D
1		产品成本月度计算表		
2	项目	甲产品	乙产品	丙产品
3	期初余额	25,210.00	76,451.00	12,866.00
4	直接材料			
5	直接人工			
6	制造费用			
7	成本总额			
8	单位成本	17.50	39.20	28.60
9	完工数量	19,832.00	9,558.00	9,970.00
10	完工产品成本			
11	在产品成本			
12	直接材料比重			
13	直接人工比重			
14	制造费用比重			

图 8-2-1 产品成本月度计算表

任务分析

为了制作完成这张产品成本月度计算表，孙小楠了解到产品成本月度计算表必须包含"甲产品""乙产品""丙产品""期初余额""直接材料""直接人工""制造费用""成本总额"等信息数据。

任务 2.1　产品成本月度计算表

知识点分析

一、产品成本月度计算表的创建需要运用以下知识点

（1）设置表格边框。

（2）标题合并单元格。

二、"甲产品""乙产品""丙产品"的计算需要运用以下知识点

（1）VLOOKUP 函数解析。VLOOKUP 函数是用于在数据表中进行垂直查找的函数。在表格或数值数组的首列查找指定的数值，并由此返回表格或数组当前行中指定列的数值。VLOOKUP 函数有四个参数，语法＝VLOOKUP(要查找的值，要查找的区域，返回数据在查找的区域的列数，近似匹配/精确匹配)。

（2）ROUND 函数解析。ROUND 函数用于返回按指定位数进行四舍五入的数值。ROUND 函数有两个参数，语法＝ROUND(要四舍五入的数，位数)。

（3）SUMIF 函数解析。SUMIF 函数是用来根据指定条件对若干单元格进行求和。(即按条件求和)。SUMIF 函数有三个参数，语法＝SUMIF(条件区域，求和条件，实际求和区域)，第二个求和条件参数在第一个条件区域里。

（4）SUM 函数解析。SUM 函数指的是返回某一单元格区域中数字、逻辑值及数字的文本表达式之和。SUM 函数是一个数学和三角函数，可将值相加。可以将单个值、单元格引用或是区域相加，或者将三者的组合相加。

三、迷你图的作用

迷你图是存在于单元格中的一种微型图表，它能帮助我们快速识别数据的变化趋势，能够突出显示数据中的最大值最小值，结构简单紧凑。

产品成本月度计算表

任务实施

步骤 01：打开"项目八(答题单据).xlsx" Excel 文件，打开工作表"产品成本计算表"，如图 8-2-2 所示。

图 8-2-2　打开工作表

步骤 02：在"产品成本计算表"的工作表中输入下列数据。

（1）选中 A1 单元格，输入"产品成本月度计算表"。

（2）在 A2：D2 单元格中分别输入"项目""甲产品""乙产品"和"丙产品"。

（3）在 A3：A14 单元格区域中分别输入"期初余额""直接材料""直接人工""制造费用"

"成本总额""单位成本""完工数量""完工产品成本""在产品成本""直接材料比重""直接人工比重"和"制造费用比重"。

（4）在 B3 单元格输入"25210"，在 C3 单元格输入"76451"，在 D3 单元格输入"12866"。在 B8 单元格输入"17.5"，在 C8 单元格输入"39.2"，在 D8 单元格输入"28.6"。在 B9 单元格输入"19832"，在 C9 单元格输入"9558"，在 D9 单元格输入"9970"，如图 8-2-3 所示。

步骤 03：设置行高列宽。

（1）选择 2 到 14 行，鼠标右键单击，选择"行高"，输入行高为 20。

（2）选择 1 行，鼠标右键单击，选择"行高"，输入行高为 35，如图 8-2-4 所示。

（3）选择 A 到 D 列，鼠标右键单击，选择"列宽"，输入列宽为 20。

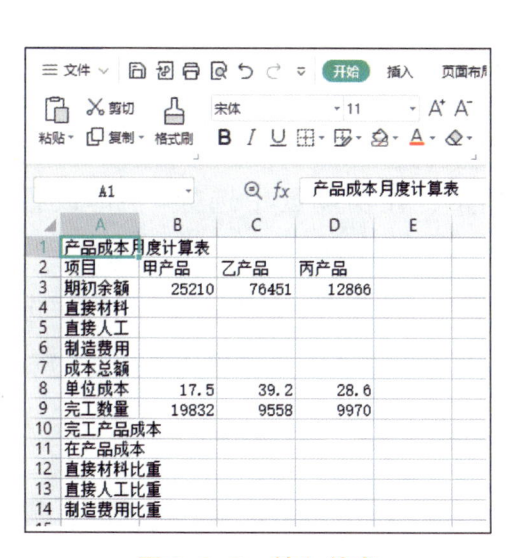

图 8-2-3　输入信息　　　　　图 8-2-4　输入行高

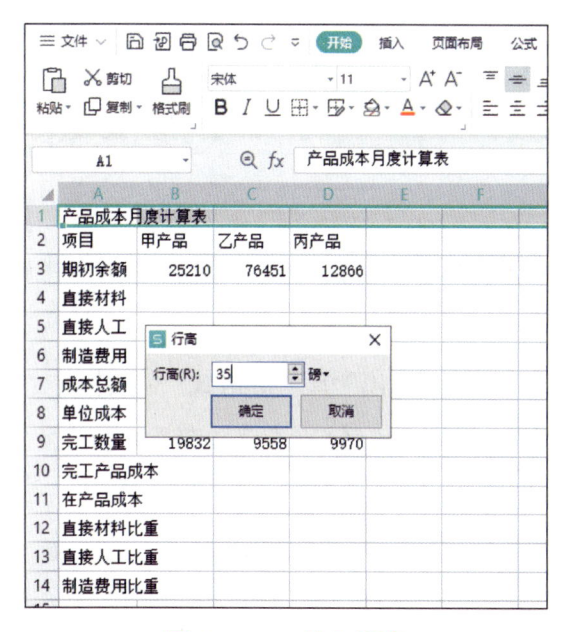

步骤 04：选中 A1：D1 单元格区域，单击"开始"选项卡，在功能区中选择"合并居中"，再单击"B"加粗，如图 8-2-5 所示。

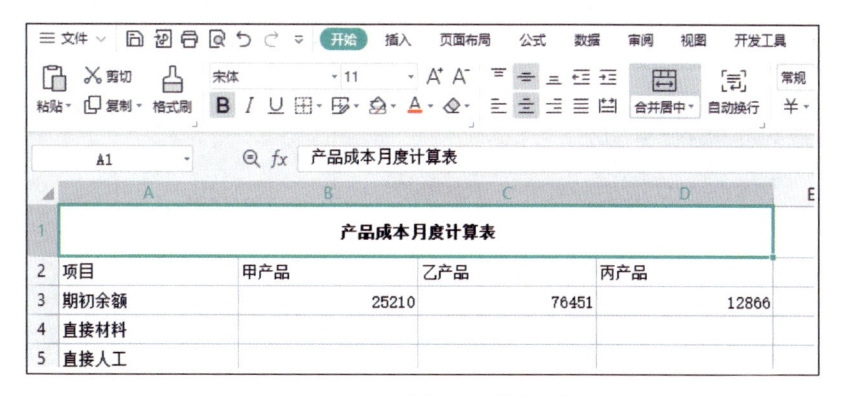

图 8-2-5　选择"合并居中"

步骤 05：选中 A2：D14 单元格区域，单击"开始"选项卡，在功能区中选择"所有框线"，

177

再单击"粗匣框线",如图8-2-6所示。

步骤06:选中A2:D14单元格区域,单击"开始"选项卡,在功能区中选择"水平居中",如图8-2-7所示。

图8-2-6 选择"粗匣框线"

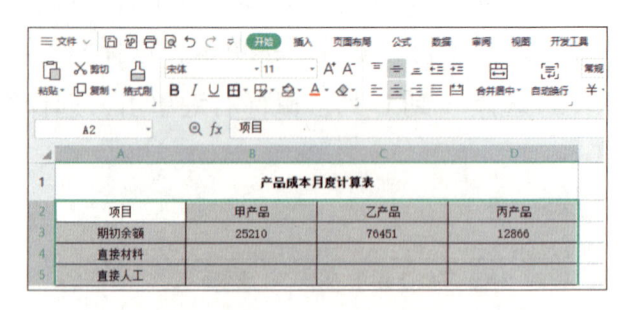

图8-2-7 选择"水平居中"

步骤07:选中B、C和D列,单击"开始"选项卡,在功能区中选择"字体设置",如图8-2-8所示。

步骤08:在弹出"单元格格式"对话框中,打开"数字"选项卡,在"分类"列表中选择"数值",勾选"使用千位分隔符",在"负数"区域中选择"-1,234.10",单击"确定"按钮,如图8-2-9所示。

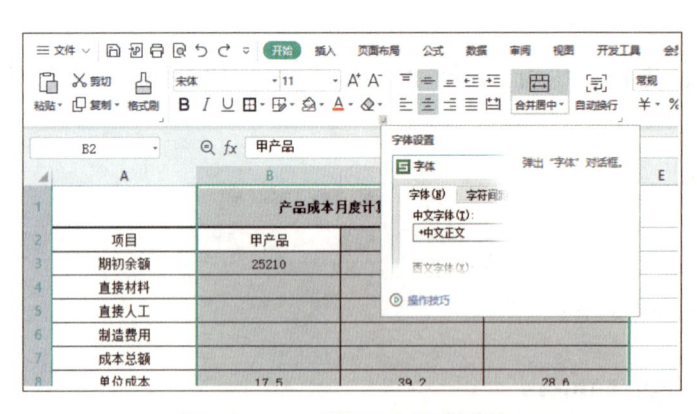

图8-2-8 选择"字体设置",

图8-2-9 选择"数值"格式

步骤09:在"发出材料汇总表"的工作表中,选中G3单元格,在G3单元格或编辑栏中输入公式:"=VLOOKUP(E3,$M$3:$N$12,2,0)",如图8-2-10所示。

项目八　财务状况分析报表

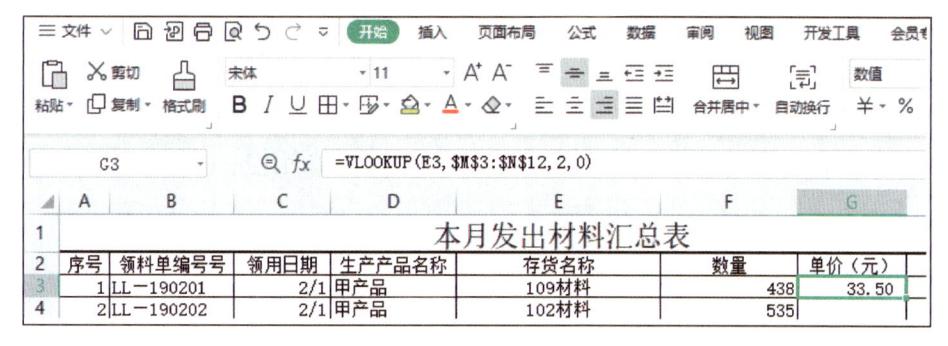

图 8-2-10　输入"单价"公式

【小提示】公式"＝VLOOKUP(E3，$M$3：$N$12，2，0)"，表示在 M3：N12 单元格区域中第 2 列查找符合 E3 单元格的金额。

步骤 10：在"发出材料汇总表"的工作表中，选中 H3 单元格，在 H3 单元格或编辑栏中输入公式："＝F3＊G3"，如图 8-2-11 所示。

图 8-2-11　输入"金额"公式

【小提示】公式"＝F3＊G3"，表示 F3 单元格与 G3 单元格的值相乘。

步骤 11：选择 G3：H3 单元格区域，当鼠标移至 H3 单元格右下角，出现黑色十字时，按住鼠标左键向下拖动到 H82 单元格。

步骤 12：在"制造费用分配表"的工作表中，选中 C6 单元格，在 C6 单元格或编辑栏中输入公式："＝ROUND(D6/B6，2)"，如图 8-2-12 所示。

图 8-2-12　输入"分配率"公式

179

【小提示】公式"=ROUND(D6/B6，2)"，表示 D6 单元格的值除以 B6 单元格的值，结果保留两位小数。

步骤 13：在"制造费用分配表"的工作表中，选中 D3 单元格，在 D3 单元格或编辑栏中输入公式："=B3*$C$6"，如图 8-2-13 所示。

【小提示】公式"=B3*$C$6"，表示 B3 单元格与 C6 单元格的值相乘。

步骤 14：选择 D3 单元格，当鼠标移至 D3 单元格右下角，出现黑色十字时，按住鼠标左键向下拖动到 D4 单元格。

步骤 15：在"制造费用分配表"的工作表中，选中 D5 单元格，在 D5 单元格或编辑栏中输入公式："=D6-D3-D4"，如图 8-2-14 所示。

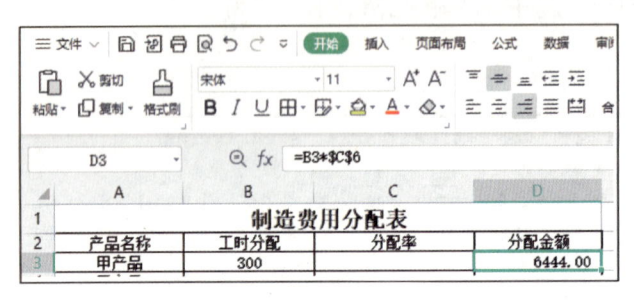

图 8-2-13　输入"甲产品分配金额"公式

图 8-2-14　输入"丙产品分配金额"公式

【小提示】公式"=D6-D3-D4"，表示 D6 单元格的值，减去 D3 单元格的值，再减去 D4 单元格的值，这里使用"倒挤法"（根据公式平衡来得出另一个数）。

步骤 16：在"产品成本计算表"的工作表中，选中 B4 单元格，在 B4 单元格或编辑栏中输入公式："=SUMIF(发出材料汇总表!$D:$D，B2，发出材料汇总表!$H:$H)"，如图 8-2-15 所示。

图 8-2-15　输入"甲产品直接材料"公式

【小提示】公式"=SUMIF(发出材料汇总表!$D:$D，B2，发出材料汇总表!$H:$H)"，表示在"发出材料汇总表"D 列中查找符合 B2 单元格条件的数据，在"发出材料汇总表"H 列进行求和。

步骤17：选择B4单元格，当鼠标移至B4单元格右下角，出现黑色十字时，按住鼠标左键向右拖动到D4单元格。

步骤18：在"产品成本计算表"的工作表中，选中B5单元格，在B5单元格或编辑栏中输入公式："=SUMIF(薪资费用表!$C:$C,"生产甲产品工人",薪资费用表!$D:$D)"，如图8-2-16所示。

图8-2-16　输入"甲产品直接人工"公式

【小提示】公式"=SUMIF(薪资费用表!$C:$C,"生产甲产品工人",薪资费用表!$D:$D)"，表示在"薪资费用表"C列中查找符合"生产甲产品工人"条件的数据，在"薪资费用表"D列进行求和。

步骤19：选择B5单元格区域，当鼠标移至B5单元格右下角，出现黑色十字时，按住鼠标左键向右拖动到D5单元格。修改C5单元格和D5单元格格式。

C5＝"=SUMIF(薪资费用表!$C:$C,"生产乙产品工人",薪资费用表!$D:$D)"。

D5＝"=SUMIF(薪资费用表!$C:$C,"生产丙产品工人",薪资费用表!$D:$D)"，如图8-2-17所示。

图8-2-17　输入"丙产品直接人工"公式

【小提示】

①公式"=SUMIF(薪资费用表!$C:$C,"生产乙产品工人",薪资费用表!$D:$D)"，表示在"薪资费用表"C列中查找符合"生产乙产品工人"条件的数据，在"薪资费用表"D列进行求和。

②公式"=SUMIF(薪资费用表!$C:$C,"生产丙产品工人",薪资费用表!$D:$D)"，表示在"薪资费用表"C列中查找符合"生产丙产品工人"条件的数据，在"薪资费用表"D列进行求和。

步骤20：在"制造费用分配表"的工作表中，选中D3：D5单元格区域，按"Ctrl"＋"C"组合键(复制单元格)。

步骤21：在"产品成本计算表"的工作表中，选中 B6 单元格，鼠标右键单击，选择"选择性粘贴"，如图 8-2-18 所示。

步骤22：在弹出"选择性粘贴"对话框中，勾选"转置"，单击"确定"按钮，如图 8-2-19 所示。

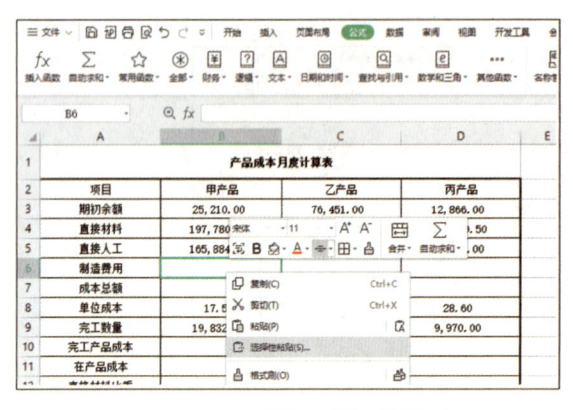

图 8-2-18　选择"选择性粘贴"

图 8-2-19　勾选"转置"

步骤23：关闭弹出的"循环引用"对话框，如图 8-2-20 所示。

步骤24：选中 B6：D6 单元格区域，按"Ctrl"+"C"组合键（复制单元格）。鼠标右键单击，选择"粘贴为数值"，如图 8-2-21 所示。

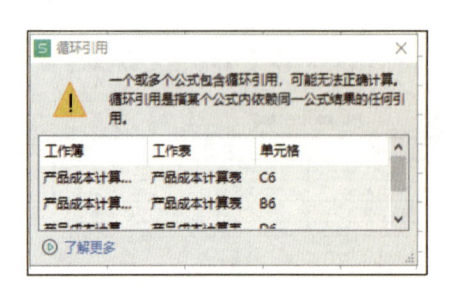

图 8-2-20　关闭"循环引用"

图 8-2-21　选择"粘贴为数值"

步骤25：选中 B3：D7 单元格区域，按"Alt"+"="组合键（快速求和），如图 8-2-22 所示。

图 8-2-22　自动求和

项目八　财务状况分析报表

步骤 26：选中 B10 单元格，在 B10 单元格或编辑栏中输入公式："=B8*B9"，如图 8-2-23 所示。

【小提示】公式"=B8*B9"，表示 B8 单元格的值与 B9 单元格的值相乘。

步骤 27：选择 B10 单元格，当鼠标移至 B10 单元格右下角，出现黑色十字时，按住鼠标左键向右拖动到 D10 单元格。

步骤 28：选中 B11 单元格，在 B11 单元格或编辑栏中输入公式："=B7-B10"，如图 8-2-24 所示。

图 8-2-23　输入"甲产品完工产品成本"公式

图 8-2-24　输入"甲产品在产品成本"公式

【小提示】公式"=B7-B10"，表示 B7 单元格的值减去 B10 单元格的值。

步骤 29：选择 B11 单元格，当鼠标移至 B11 单元格右下角，出现黑色十字时，按住鼠标左键向下拖动到 D11 单元格。

步骤 30：选中 B12 单元格，在 B12 单元格或编辑栏中输入公式："=ROUND(B4/B7，2)"，如图 8-2-25 所示。

图 8-2-25　输入"甲产品直接材料比重"公式

【小提示】公式"=ROUND(B4/B7，2)"，表示 B4 单元格的值除以 B7 单元格的值，结果保留 2 位小数。

183

步骤 31：选中 B13 单元格，在 B13 单元格或编辑栏中输入公式："=ROUND（B5/B7，2）"，如图 8-2-26 所示。

【小提示】公式"=ROUND（B5/B7，2）"，表示 B5 单元格的值除以 B7 单元格的值，结果保留 2 位小数。

步骤 32：选中 B14 单元格，在 B14 单元格或编辑栏中输入公式："=ROUND（B6/B7，2）"，如图 8-2-27 所示。

图 8-2-26 输入"甲产品直接人工比重"公式

图 8-2-27 输入"甲产品制造费用比重"公式

【小提示】公式"=ROUND（B6/B7，2）"，表示 B6 单元格的值除以 B7 单元格的值，结果保留 2 位小数。

步骤 33：选择 B12：B14 单元格区域，当鼠标移至 B14 单元格右下角，出现黑色十字时，按住鼠标左键向右拖动到 D14 单元格。

步骤 34：选中 B12：D12 单元格区域，单击"插入"选项卡，在功能区中选择"柱状"迷你图，如图 8-2-28 所示。

图 8-2-28 选择"柱状"迷你图

步骤 35：在弹出的"创建迷你图"的对话框中，位置范围输入"$E$12"，单击"确定"按钮，如图 8-2-29 所示。

步骤 36：选择 E12 单元格，当鼠标移至 E12 单元格右下角，出现黑色十字时，按住鼠标左键向下拖动到 E14 单元格。

最终结果如图 8-2-30 所示。

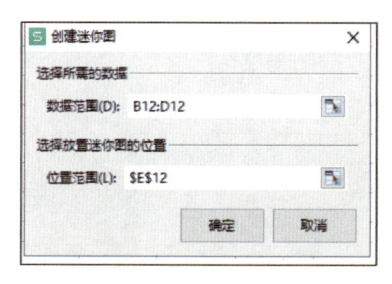

图 8-2-29　创建迷你图

产品成本月度计算表

项目	甲产品	乙产品	丙产品
期初余额	25,210.00	76,451.00	12,866.00
直接材料	197,780.30	523,129.10	242,959.50
直接人工	165,884.00	195,011.00	77,512.00
制造费用	6,444.00	10,740.00	4,296.00
成本总额	395,318.30	805,331.10	337,633.50
单位成本	17.50	39.20	28.60
完工数量	19,832.00	9,558.00	9,970.00
完工产品成本	347,060.00	374,673.60	285,142.00
在产品成本	48,258.30	430,657.50	52,491.50
直接材料比重	0.50	0.65	0.72
直接人工比重	0.42	0.24	0.23
制造费用比重	0.02	0.01	0.01

图 8-2-30　诚品信息科技有限公司产品成本月度计算表

任务实训

打开"项目八-练习（答题单据）.xlsx" Excel 文件，找到对应工作表，完成以下操作：

练习：请制作一张产品成本月度计算表，样式如图 8-2-31 所示。

产品成本月度计算表

项目	A产品	B产品	C产品
期初余额	12,300.00	22,456.00	15,323.00
直接材料	165,394.65	475,326.71	312,531.64
直接人工	162,423.00	146,038.00	94,552.00
制造费用	13,954.40	10,047.17	4,465.43
成本总额	354,072.05	653,867.88	426,872.07
单位成本	23.30	55.10	36.00
完工数量	14,532.00	10,658.00	11,270.00
完工产品成本	338,595.60	587,255.80	405,720.00
在产品成本	15,476.45	66,612.08	21,152.07
直接材料比重	0.47	0.73	0.73
直接人工比重	0.46	0.22	0.22
制造费用比重	0.04	0.02	0.01

图 8-2-31　友安食品有限公司产品成本月度计算表

任务评价

同学们，本任务的学习结束了，请你对以下内容进行评价：

评价项目	评价内容	分数	自我评分	小组评分	教师评分
任务实施 （60分）	是否掌握产品成本月度计算表的创建方法	30分			
	是否掌握迷你图的使用方法	30分			
工作态度 （20分）	工作积极性	5分			
	工作责任心	5分			
	工作责任感	5分			
	工作效率	5分			
职业素养 （20分）	团队协作	5分			
	沟通表达	5分			
	认真严谨	10分			

素养课堂

财务状况分析报表对于企业的财务管理、决策支持和战略规划都具有重要的作用，管理人员具备多方面的专业能力和职业素养，才能更好地评估自身的财务状况和经营成果，预测未来的发展趋势，提高管理水平和经济效益。

首先，专业知识与技能。管理人员需要熟练掌握财务分析方法和技巧，准确评估企业的偿债能力、营运能力和盈利能力；同时，具备基本的计算机操作和数据处理能力，运用相关软件进行财务数据的整理和分析，发现企业存在的问题和潜在的风险，为决策提供有力支持。

其次，创新精神与学习能力。管理人员应具备创新精神，积极探索新的管理模式，尝试运用新的信息技术，不断提高报表编制和分析的水平和效率；同时，保持持续学习的态度，关注政策变化和新技术应用，不断提升自己的专业素养。

最后，沟通能力与团队协作。财务状况分析报表管理需要与各个部门进行密切的沟通和协作，管理人员需要具备良好的沟通能力，确保信息的流畅和合作的顺利；同时，具备团队协作精神，共同完成报表的编制和分析工作。